★★★

聰明選股 即刻上手

創造 *1,700* 萬退休金不是夢

資深股市溫拿 吳宗正 著

BULLISH

書泉出版社 印行

韓序
如何成為股市投資高手？
統計學，是個好方法。

統計學是投資中不可或缺的一環，基本分析與技術分析都包含統計學，要透過統計現有資料去計算。基本分析，就是在找投資題材，就是找能夠引起群眾跟隨的話題，而所謂「群眾跟隨」，就是採統計學方法去發現；而技術分析更是股價及成交的統計，反映市場或群眾心理。

主力如何選擇投資進駐標的？當然考驗眼光與實力。根據眼光，鎖定一個即將影響群眾生活面的題材，例如：無人車，在人少、未發酵之前進駐，並取得公司派的默契；進駐之後，隨著該題材逐漸被認識，營收加溫、外圍加持、法人拜訪……最後散戶一擁而上，股價到達高峰。說來說去，就是需要最終「群眾」的認同。同時，如果沒有人告訴你這些資訊，你只要透過技術分析，根據各項數據，善用資訊科技，來找到可以買或賣的標的。

甚至，在股價推升過程中，沒有人會跟你保證一定成功！或許產業遇亂流、公司派欺敵、主力內鬨等，這些變數將影響這次投資的結局。問題是：如果你已經上車，且沒有及時可靠的資訊，萬一真有變數，並不會有人通知你要跳車。此時，技術分析便扮演一種可靠的警示角色，根據各項數據來決定下一步操作。

　　吳老師是學統計學，且親手去靈活運用於股市投資的高手；以統計學為基礎，透過策略，並且嚴守操作紀律，趨吉避凶，成為股市贏家。

　　這本書從頭到尾，就是吳老師在分享他的投資經驗——藉由人性的認識找到投資心法、技術分析的探討等。是基於「知識」與「實戰」的融合。

韓博緯
保險公司　業務經理

經歷：金融保險從業 21 年、曾任銀行保代業務副總、臺灣金融研
　　　訓院講座、中華民國證券商同業公會講座。著有「銀行保險
　　　銷售專家」、「全方位財務規劃師」二書。

吳序
股市新鮮人的快速簡單入門術

學生時期很喜歡投資學，可是當年求學時股市已過多頭行情，許多人在這一波急跌賠光了資產，並且增加許多負債。聽了太多負面消息，且沒有多餘的閒錢下，實在不敢投入股市。隨後工作收入雖漸漸有增加，但口袋裡的存款卻似乎未成等比例增加。後來重回校園就讀國立成功大學國際企業管理研究所，因此機緣成為吳宗正老師的指導學生，在老師悉心的指導論文下順利於研究所畢業。老師在學校還教授投資分析課程，除了研究論文外，另外分享他股市投資數十年的成功經驗，建議我們一定要努力存到第一桶金，不定期的投入股市存股。每當我有一小筆存款，就會詢問老師存股要買的標的，老師依據我的需求介紹股票，股價最初沒有大幅的變動，但是股利報酬至少 8%；雖沒有賺到價差，因目的是賺取股利，所以我仍持續的不定期買入。由於投資標的公司業績穩定成長及亮麗的財報表現，股價從 50 多元一路最高漲到 100 元，即使沒有賣到最高點，竟也順利的累積到進入股市的第一桶金。此時不僅心中喜悅，更對吳宗正老師在股市的專業教導心存感激、佩服。

然而，投資真的需要耐心，在多變的股票市場很容易隨風起舞，迷失方向。於是向老師請教，老師建議將資金分成三等份，除了日常開支，保留一部份進行長期投資，並將一部份資金進行短線操作，挑選好股，為自己在過年前賺取紅包錢。

由於身為繁忙的上班族，無法看盤操作，老師每年會提供挑選存股的方法，非常有幫助。因為選擇的公司體質良好，趁

股價回檔時買入，除了可以賺取股息，也可以從中賺取價差，是非常好的投資操作。當然，每季及每年仍然要觀察公司的營運變化，天下沒有白吃的午餐，有好的操作方式，可以增加財富的累積。感謝吳宗正恩師多年的細心指導，更將其 35 年股市投資成功的寶貴經驗，毫無保留的書寫成書，與大眾分享。相信一定能夠協助大家快速的累積第一桶金，進而增加財富資產，生活更加富足，並創造更美好的人生。

很榮幸有機會為恩師的新書撰寫推薦序，藉此感謝老師的多年協助，更預祝大家投資獲利、口袋飽滿，創造人生的第一桶金，擁有財務豐沛自由的快樂人生。

梁鑫實業股份有限公司
行銷部經理
吳美娟
2017.5.4

序 言

　　要成為股市投資中的真正贏家，你就必須瞭解「何時買股票」、「何時賣股票（停利）」、「何時停損股票」、「何時放空股票」、「何時回補放空的股票」、「手中持股可續抱的操作」、「缺口的操作方法」等等技術分析，而且，你必須降低風險，提高投資報酬率，針對散戶投資者而言，並沒有第一手的題材面、產業面和基本面的資訊，因此你在股市中想成為贏家，就必須熟練投資技術分析的能力；在股市中進出的操作方法，不外乎是上述所提及的幾種，若能熟悉它們，你就可以成為投資股市的贏家。

　　感謝臺南市梁鑫實業股份有限公司行銷企劃暨專業編輯吳美娟經理和五南圖書出版股份有限公司侯家嵐主編與劉祐融責任編輯的鼎力協助，讓本書更加完整，同時感謝韓博緯經理和吳美娟經理的精采序文，也感謝家人的全力支持，讓本書可以順利完成。

吳宗正

106 年 4 月 30 日

於成大統計系

前　言

　　筆者從民國 70 年進入臺股，至今已 35 年，可說是經驗豐富，也看盡股市這個叢林世界的興衰。72 年是臺股的極盛期，大家都將定存解約投入股市，筆者也不例外。那時候的號子（證券經紀商）不多，都附設在銀行底下，每天開盤前即看到萬頭鑽動、門庭若市，大家爭先恐後的到號子搶位子。尤其是搶前面的位子盯著電視牆看每家公司股價的變動，手中拿著買單和賣單的委託書，隨時準備下單，熱鬧極了。

　　當時，上市公司少，股民的資金多，在需求大於供給下，每檔股票幾乎天天漲停板，那時候的漲跌幅是 3%，所以資金一旦湧入，都是以漲停作收，在股市賺的錢，遠比上班薪水多很多。市場上的主力（那時還沒有開放外資進來）呼風喚雨，只要是主力拉抬的股票，檔檔都是開盤就漲停，學技術分析並非十分有用，大家都靠消息來源在做股票。那時有所謂的股市四大天王，還有各方的實戶派，只要跟對了，就會賺大錢。號子裡可說是人山人海，擠進去不容易，擠出來也不容易；那時候大家都賺到錢，而且還賺不少，賺了錢就轉去投資房地產，間接也炒高了房地產的價格；高檔餐廳也都擠滿消費的投資者，真的是歌舞昇平；八大行業也是興盛繁榮，很多人都沒想到股票價格萬般拉抬也是為了賣。

　　這時，政府也發現這種股市歪風，終於在民國 78 年 9 月 24 日祭出了「證所稅」，於是股市風雲變色，開始連續 19 天的無量下跌，稱為「九二四證所稅事件」，真是慘不忍睹。幸好筆者避開了這個大劫，因為筆者從 76 年開始，在成大統計系開授「投資分析」，讓我更瞭解要在股市中成為贏家，一定

要學好和股票有關的知識和學理。教導同學如何在總體面、產業面、基本面、題材面、籌碼面、心理面、市場面和技術面去瞭解指數和股價的變動，進而抓住進場和停利出場時機。

後來，歷經了民國86年的亞洲金融風暴和97年雷曼兄弟事件；整個臺股的上市櫃公司也一直在增加，外資、本國法人和自營商也不斷的擴張，不再有過去多數資金追逐每檔股票的盛況。投資人逐漸知道，要在股市中成為贏家，就需要不斷的精進，收集資料、整理資料，再仔細的研究分析資料，從不同面向中去找出最適合的投資策略和技術分析方法，讓自己在重視風險下，賺到超額的利潤。

在參與股市領域35年中，因為身兼教授投資分析、投資技術分析課程，也開設投資理財班，講授投資理財知識，並到證券公司上課演講。常常提醒投資者要抓住各面向的資訊，更要懂得停利、停損，並且在空頭來臨時進行放空的動作，以增加投資利潤；而且還要做好資金配置，讓自己需要進場時隨時有資金可用，也可以撥出部分資金操作「存股」投資，這也是筆者經常在操作股票時能順手的依據。

尤其在股市中想要生存長久的投資人，更需要學會「穩、準、狠」的功夫去對抗法人主力的「養、套、殺」。在現今漲跌幅改成10%下，風險增加，因此在股市要成為贏家，就需要多看、多學習、多研究，多對市場有敏銳的反應。累積好的操作經驗，擬定好適合自己的投資策略，搭配技術分析方法，可以讓自己在股市中進出自如，幸運的也可以使自己成為股市常勝軍，筆者對自己的期許也是如此。請記得股市「沒有專家，只有贏家和輸家」，所以，我們都要從學習研究中，使自己成為贏家，這才是股市投資之道。

吳宗正

Contents

Chapter

4

技術分析的觀念與探討

Chapter 1
你不理財 財不理你

1-1 為何要做投資理財規劃

人生規劃：（你和妳的）

25 歲碩士：（不考慮通膨）

1st：4.0 萬／月，年收入：48 萬

2nd：4.5 萬／月，年收入：54 萬

3rd：5.0 萬／月，年收入：60 萬

4th：6.0 萬／月，年收入：72 萬

5th：7.0 萬／月，年收入：84 萬

6th：8.0 萬／月，年收入：96 萬

7th：10.0 萬／月，年收入：120 萬

8th：12.0 萬／月，年收入：144 萬

9th：14.0 萬／月，年收入：168 萬

10th：16.0 萬／月，年收入：192 萬

11th：18.0 萬／月，年收入：216 萬

12th：20.0 萬／月，年收入：240 萬

$13^{th} \sim 15^{th}$：25.0 萬／月，年收入：900 萬

合計：2,394 萬

再加 1,000 萬獎金，合計：3,394 萬（40 歲），可能嗎？

若 25~40 歲，月平均 10 萬，年收入 120 萬，15 年 1,800 萬，加到 2,000 萬：支出 80%，2,000 萬 ×0.2=400 萬可留下來，那是 40 歲時，身家財產有 400 萬身價（若有一棟房子，一部車子，沒有負債，都是超級棒的生活，往後還有 25 年可以認真賺錢）。

真的有這麼順利嗎？

所以你勢必要提早投資，如水電工之子一樣，到 40 歲擁有 5,000 萬身價，就不必擔憂未來中、晚年的生活，你甚至可以提早退休，過著中老年優雅的生活（若工作到 50 歲多 1,000 萬，身價共 6,000 萬，依主計總處規劃的高品質晚年生活，50~80 歲，每 10 年要 1,000 萬，你已有 6,000 萬，是夠夫妻兩人過著開心快樂的生活）。

結論是：你勢必要做投資理財，而且要提早進行（其中牽涉到奇妙的複利報酬）。

上述是不考慮物價的波動、景氣的變動、個人額外的支出，在身體健康下，能順利完成的收入。

人一生要過得樂活、悠活，要懂得提升生活品質，讓晚年可以樂享天年，因此除了認真工作，有一份好的工作外，你還需懂得投資理財，進而讓自己提早享受財富自由度，不要在晚年仍為五斗米拼命，成為下流老人（收入少，存款少，依賴少），因此要儘早進行投資理財，累積可用的一生財富。

你的人生若在 25~30~40 歲無法年收入達 60 萬 ~120 萬 ~200 萬（包含獎金和紅利），40~50 歲無法年收入達 200 萬 ~300 萬，50~60 歲年收入達 300 萬以上，晚年的生活品質

就不會好，人一進入 35 歲之後，身體的各種毛病就開始出現，而且工作愈忙，家裡又有老小及各種支出要支付，算算一個月所剩不多，甚至有的人、有的家庭要吃下個月的糧草。身體毛病一出現，投資報酬率下降，時間是過得很快，不要老是以為自己年輕，凡事一定要未雨綢繆，一生給你活 100 年可用的時間，扣前 20 年和後 20 年，再扣 65 歲退休的 15 年，及畢業 25 歲工作的前 5 年，真正工作可賺錢的時間是 40 年（這是健康的人），換算是 14,600 日，你可知道一天一天過得多麼快。總之，希望大家身體好，能工作的時間長，但隨著年齡增長，身體毛病一一浮現，所以要運動。多運動，喝好水，吃好食物（不能或少吃食品和垃圾食物），這些好水好食物都要花錢，而且不是小錢，不要老是以為自己身體好，還年輕，現在的癌病年齡都在下降。依主計總處統計，收入和壽命成正比，因為收入一增加，心情開心快樂，可以用最好的食物、最好的健檢醫療，工作時間可以減少，當你工作時間減少、報酬增加時，風險就降低。包含買保險在內的所有支付都是要大筆錢，不要鐵齒，快開始理財，學學瓦斯行阿嬤，學學會投資理財的贏家如何去做投資理財，愈早投入投資，成本愈低，投資報酬率就愈高。有錢可以行大善，做大事，提高生活品質，增長壽命且健康又快樂，有何不為？投資賺錢雖難，和創業、工作一樣，只要鑽研再鑽研，畢竟天下沒有白吃的午餐，只要每天認真一些些，你就會是贏家，大家一起加油。

結論：有錢不一定萬能，但沒錢，萬萬不能。

若薪水難讓自己致富，就應該好好學習投資理財，累積

經驗，讓自己和家庭早日能取得財富自由度。

年輕人如何讓自己未來步入老年（65 歲）時過得老而有趣，且慢活、樂活、悠活的日子，可透過以下幾個方式：

❶ 30 歲前累積 100 萬可自由投資的資金，不然你就要採用月繳費投資方式。

❷ 找尋讓自己年投資報酬率可以達到 15% 或以上的標的。

❸ 運用定時定額方式，每年將本利和再投入，創造複利效果。

❹ 透過本章第 1-10 節中介紹的三個方法，由一～三反覆操作，可以提前達到退休時 1,700 萬的財富自由度。

❺ 最好身體要健康（有錢身體就會比較健康），才能過著有錢有閒、開心又快樂的日子，不靠政府（不值得靠），不靠公司（薪水漲得慢），靠自己最實在。

1-2 你的金庫在哪裡

❶ 繼承遺產：a. 土地；b. 房屋；c. 現金；d. 有價證券。

❷ 創業（企業主）。

❸ 中樂透、威力彩（太難）。

❹ 高階主管（副總以上），薪資＋紅利、獎金很多。

❺ 中階主管（經理），薪資＋紅利、獎金還 OK。

❻ 中階以下（經理以下），薪資＋紅利、獎金勉強。

❼ 投資？（好主意）

投資什麼可累積財富？

股票？黃金？外幣？基金？投資型保單？債券？期指？期貨？選擇權？認購權證？

→真的要下功夫認真研究，畢竟天下沒有白吃的午餐。

❽ 勤儉（吃苦耐勞、省吃儉用）。

❾ 放銀行生息。

有錢、風險自然就降低，節流不如開源，那還得你有能力。

臺灣已是負利率的投資環境，放銀行生息是最安全但卻是最笨、最沒效率的投資方法，單消費者物價指數 (CPI) 就將你的實質利率吃掉，所以這是最不懂機會成本的投資方法，最好的方法就是要提早做投資理財規劃。

1-3 墨比爾斯四不投資策略

新興教父默比爾斯（Mark Möbius）縱橫基金界，提出了四不投資策略：

❶ 不要將投資當賭博。

❷ 不要想一夜致富。

❸ 不要借錢投資。

❹ 不要投資太多衍生性商品。

　　不貪心、不投機，認真收集資料研究，穩健地選擇有題材面、有產業面、有基本面、有籌碼面和有技術面的股票去投資，你就會是贏家。

1-4　適合在股市中生存的人

　　很多人選擇股票當作投資工具，要在股市生存，須具備以下幾種特質：

❶ 有數字觀念。

❷ 有研究的興趣。

❸ 要逆向思考。

❹ 要膽大心細。

❺ 要有執行力。

❻ 對市場變化要反應靈敏。

❼ 不要有患得患失的心。

1-5 如何成為一個 成功快樂的投資人

想要快樂投資，取得豐厚報酬，必須遵循以下方法：

❶ 不借錢、不融資（除非是高手）。

❷ 要有娛樂（entertainment）的想法。

❸ 扣除消費、支出，存款的部分才用於投資（資金控管）。

❹ 要善設停利、停損。

❺ 要做好資金配置：贏家一定是在高檔賣出股票拿回現金，等待股價拉回、另一波漲勢開始時，擁有充足的現金進場布局另一波漲勢。

❻ 認真的研讀基本分析，技術分析，打開你的人脈，開拓你的人際網路，多觀察洞悉國際情勢及總體面，更要抓住題材面和心理面，這樣才能成為股市贏家。

❼ 要懂得危機入市，買進有價值性和未來性的股票，或被錯殺的好股，耐心地中長期持有，你將會是贏家。

1-6 如何成為投資贏家

下場實際操作，累積「好」的操作經驗，練好「穩」、「準」、「狠」的功夫去對抗法人、主力的「養」、「套」、「殺」三部曲。

接著要做好：

❶ 停利。

❷ 停損。

❸ 資金配置。

然後要調整好投資心態，做到：

❶ 不貪心。

❷ 不急進。

❸ 不獵喜。

要用生活消費外的資金去投資，永遠將投資當成「娛樂」而不是「賭博」。

除非你的功力、膽識夠強，否則盡量不要用「融資」買股票，不要做當沖，若你具備足夠的研究力、功力與膽識，就可以進場做當沖、跑短線，當然搭配「波段」、「長線」及「存股操作」會更棒，你就具備贏家的條件。

專家不一定是贏家，贏家可以說是專家，投資市場，只有贏家，沒有專家。

巴菲特說過，投資的目的就是：賺錢、賺錢、再賺錢。

🏃 股市贏家要件

要成為投資贏家,須深入研究基本面及熟練操作心法,才能洞燭機先,走上致富大道。

❶ 國際方面:

(1) 國際景氣。

(2) 國際重要股市和臺股的連動。

❷ 國內方面:

(1) 總體面。

(2) 題材面。

(3) 產業面。

(4) 基本面。

(5) 籌碼面。

(6) 技術面。

❸ 投資觀念,心法和實務(實際操作):

(1) 投資經驗之累積。

(2) 投資心理的建立。

(3) 強有力的執行能力。

❹ 建立正確的投資觀念:

(1) 停利。

(2) 停損。

(3) 資金配置的觀念。

❺ 熟練「穩」,「準」,「狠」的操作手法:

要能對抗法人、主力的「養」,「套」,「殺」三部曲,才能在股市中成為真正的贏家。

1-7 巴菲特的投資策略

　　巴菲特 (Buffett) 投資有二個重點：1. 一定要賺錢；2. 不能違背第一個原則，也就是防守重於攻擊。

　　另外也提供三個建議：1. 如果你不願意擁有一支股票 10 年，那就不要擁有它 10 分鐘；2. 只有不知道自己在做什麼的人，才需要分散投資；3. 績優企業的股價不合理下跌時，是投資大好機會，因此要在股市中賺錢，就是要做好研究分析，夠專業，逐一研究投資標的，找對進場時機，也抓住出場時點。（可以從題材面、基本面、籌碼面及技術面中尋找進場及出場時機）

🏃 Buffett 名言

❶ 不要去賭大的機會，而是要穩穩抓住機會。

❷ 要將雞蛋放在同一個籃子裡，並且小心看好它。

❸ 奉價值型投資為圭臬：

　　(1) 買龍頭股。（各產業）

　　(2) 有穩定的現金流。（自由現金流量或自由現金流量 ÷ 營收）

　　(3) 股價跌深，已在相對低檔。（跌回合理本益比、股價淨值比或前波起漲區等）

　　(4) 經營高層的管理能力受到肯定。（CEO 及其團隊的經營能力，可從財報、產業面看出）

❹ 「能力邊界」是投資致富的關鍵。找出你個人的能力

邊界並且待在那裡，至於這個範圍有多大，其實無關緊要，重要的是要清楚掌握界限在哪裡，若掌握得住，你就是贏家。

操作：Buffett 最在意一家企業的二個數字： 1. ROE； 2. 自由現金流量 (cash flow)。

🚶 Buffett 贏的策略

❶ 不要擔心短期波動，要看公司的長遠發展。

❷ 買一家公司的股票，就像買下一整間公司，因此需要對公司的經營者 (CEO) 及團隊 (聰明、奮進、正直) 有深入的瞭解。

❸ 逆向思考：「 在別人恐懼時貪婪，在別人貪婪時恐懼 」，要思考哪些事情有道理、要具備堅定的思維，而不是看哪一支股價漲了就去買。看長期趨勢，一旦投資後就要有耐心，等待著價格上揚的時機。

和 Buffett 一樣要有耐心，買對股就等著它上漲，漲多拉回整理是正常，經過整理，籌碼才會乾淨，往後更有上漲空間。

Buffett 的三大名言很重要，重點就是持股要集中，買有價值、長期持有的股票。

不要去買風險高的連動債或商品，或獲利低的基金，Buffett 說過：股票是最易懂、最好操作、賺得多的商品，「選對股」就可以賺倍數以上；若沒有，也可以賺個幾十個 percent，比基金強，也比你不懂的連動商品更好，這些商品都是找些學數學的人在搞，自己不一定敢買，連理專都搞不懂，買這種商品要做什麼；股市開始是知易行難，但瞭解後

就是知易行易，如此才能成為贏家。

依 Buffett 的看法：股市市值／ GDP > 160% 就是風險，6 月臺股是 180%，總之不要預設立場，跟著經濟面走就對了，重點就在選股。

股市市值／ GDP > 160%，若不漲大型權值股，漲中小型股就 OK，所以大型權值股一直漲時，就要小心。

上述 Buffett 的心法和策略，只是所有 Buffett 投資法則的一部分，是很重要的一部分，若能重視投資心理和執行力，也能深入瞭解文中的涵義，在股市中就可以成為常勝軍，會贏是因為你有在思考研究它們，會輸是自己沒有徹底下功夫去瞭解心法中所提的真正涵義。

1-8 不適合投資股票的人

具有以下特質的人，並不適合投入股票市場，可考慮其他的投資方式。

❶ 在震盪整理時會心驚膽跳。

❷ 在股價拉回不能忍受損失者

❸ 有損失時會哀聲嘆氣，錯怪別人。

❹ 有損失時不能忍耐。

❺ 不懂得拉回逢低攤平。

❻ 在低檔殺出股票。

❼ 聽消息進出。

⑧ 不肯學習研究。

⑨ 對數字不敏感。

⑩ 借錢玩股票，沒有風險意識。

⑪ 不想理財。

⑫ 不要理財。

⑬ 不會理財。

⑭ 清心寡慾。

⑮ 保守。

1-9　在股市中成為贏家的條件

如何成為投資市場的贏家，要具備下列條件：

❶ 多聽、認真聽。

❷ 多學習、認真學習。

❸ 多收集資料、多看資料。

❹ 研究資料、分析資料。

❺ 擬定操作方法。

❻ 進入市場實地操作。

❼ 修正並做一些創新。

❽ 得到自己最適宜的操作方法。

❾ 記得要停損、停利及做最合適的資金調配及控管，你
　 就是贏家。

1-10 如何創造 1,700 萬的財富自由度

　　依臺港中三地調查，臺灣到 65 歲退休，需要 1,700 萬以上的退休金，若工作 40 年，也就是 25 歲開始工作，每個月要存 3.5 萬元以上，如此到 65 歲之後才有財富自由度，才會有好的生活品質；若現在能提早做投資理財，每個月的存款就可以略減，生活就輕鬆，不必為五斗米折腰，不知道你們聽得進去嗎？以前我的前輩告訴我這些資訊，我聽得進去，因為我為自己的前途規劃了康莊大道，所以我現在退休了，我很快樂，因為我達標了，也因為我提早投資，所以我財富自由度更大，生活品質更好；說了這麼多，你們應趁現在年輕時提早投資，何樂而不為呢？

　　總結一句話，到了 65 歲退休後能慢活、樂活、悠活最快樂，不要再為錢而苦命，真的是每天輕鬆快樂過日子。

　　1,700 萬是流動現金，是不包含安身立命的一棟房子和一部汽車，若再多一棟房子、多一部汽車，你的財富自由度就再增加。

　　1,700 萬是一個人的退休金，超過更棒。

　　1,700 萬是平均值，按物價指數計算，臺北可能超過 1,700 萬，達 2,000 萬；高雄、臺中 1,500 萬；其他縣市也要 1,300 萬。臺北地區物價高、房價高，雖然房價下跌，但 CP 值仍低，所以臺北住不易，生活也不易，只是生活機能好，屬於

國際都會區，但生活品質並不好，薪資較其他縣市略高，卻都被食衣住行育樂抵掉，而且太多誘人花錢的商品、商店，所以存錢不易，除非你做到公司的董監階層，不然真的就是要做好投資理財。

若你懂得分析股市資訊也精研股市走勢，要成為贏家，甚至達到上述的財富自由度 1,700 萬並不是難事，這是從另一個角度切入，也就是不採用以上文中提示的存股式的投資法，而是在精研股市走勢後，在多空方向出現時，亦即股市由多轉空，或由空轉多時，你懂得抓住方向，就可以在轉多時操作多單，在轉空時操作空單，但在多頭最好不要做空，空頭不要做多，除非你是短線操作的高手；股市本是個循環走勢，你若抓得住方向，自然在股市中無往不利，每每都有機會成為贏家，財富自由度自然水到渠成。

之前有專門機構調查每個人的財富自由度是在 1,700 萬，要在 65 歲退休前達成，若能更早達成，當然更早享受樂活、悠活的日子，到底要怎麼做到？方法很多，我只針對一般平民百姓：（不考慮稅）

❶ 在 30 歲時，你手中要有一筆不會影響生計的母金（100萬）提早擁有更好。

❷ 方法一：

好好研究找一至三支長期穩定配息 5%（殖利率）的股票，讓股票幫你複利操作，每年都要將利息滾入本金，才有複利效果：

第 20 年（50 歲），本利和是：2,653,297 元。

第 22 年（52 歲），本利和是：2,925,260 元

第 26 年（56 歲），本利和是：3,555,672 元

第 30 年（60 歲），本利和是：4,321,942 元

第 35 年（65 歲，退休），本利和是：5,516,015 元

還沒達到財富自由度 1700 萬，除非你還有其他 11,483,985 元的可自由支配的收入，就達到 65 歲退休時的財富自由度 >17,000,000 元／每人。

要達成這個目標面臨一個問題：你要選對股，而且能永續經營業績穩定成長的公司。

❸ 方法二：

運用自己選股的能力，在年初投入資金 100 萬元選股（已找不到 10% 殖利率的股票），讓自己在年底有 10% 的投資報酬率，每年初將報酬滾入本金，再挑選有題材、基本面、產業面的好股票投資，年底再創造 1.1×1.1=1.21% 的複利報酬，隔年初再投入，依此類推。

第 20 年（50 歲），本利和是：6,115,909 元

第 22 年（52 歲），本利和是：7,400,249 元

第 26 年（56 歲），本利和是：10,834,705 元

第 30 年（60 歲）。本利和是：15,863,092 元

第 31 年（61 歲），本利和是：17,449,402 元

已達 65 歲的財富自由度 >1,700 萬元

第 35 年（65 歲），本利和是：25,547,669 元

退休時的財富自由度遠超過 1,700 萬元。

❹ 方法三：

投資報酬率 15%（這是應該拿得到的）

第 22 年（52 歲），本利和是：18,821,518 元

第 26 年（56 歲），本利和是：32,918,952 元

第 30 年（60 歲），本利和是：57,575,453 元

第 35 年（65 歲），本利和是：115,804,803 元

已超過 1 億元，遠高於 1,700 萬，約 6 倍以上。

很驚人，你若能好好投資理財，就不再需要靠政府、靠公司、靠關係，靠自己就夠了，你知道嗎？15% 的年投資報酬率並不高，民國 106 年 9,500~9,800 點的行情，若你精於研究和操作，投資報酬率是超過 70%，甚至更高，大戶和法人和董監事賺更多，這只是 2 個多月的行情，之前 105 年 8,000~9,000 點的 1,000 點行情更製造不少新大富，重點在選對股，選對行情，該多就多，該空就空（讓自己能達到每年的目標），若能認真努力，投資報酬就早已超過 65 歲退休時的財富自由度，更厲害的是每年都在年初投入 100 萬，你會更早達到財富自由度。

以 1 年投資報酬率 15% 而言，你如果夠認真，很在乎它，是很容易達到的，而不止 15%、70%，1 倍都有可能。

不管是精選股或採用「整合淨值組合股」的方法 (4-21)，在多、空時，都可達到目標。

🚶 選股方法

❶ 選有題材。

❷ 有基本面。

❸ 有產業面。

❹ 有籌碼面。

❺ 有技術面。

❻ 選對價位。

❼ 選強勢股。

❽ 選有中長線保護。

❾ 嚴格執行停利，至於停損是選錯股，就該執行。

❿ 買進錯殺股。

投資金額試算

依公式推算到 60 歲擁有 1 億元的每個月投資金額（年投資報酬率 15%）：

20 歲：3,224 元

25 歲：6,813 元

30 歲：14,444 元

35 歲：30,831 元

40 歲：66,770 元

選對投資標的，1,700 萬元（每人）的財富自由度提早達標。

若母金是 310 萬，殖利率 5%，35 年後（65 歲退休時），可以拿到 17,099,646>17,000,000，達到財富自由度。

如果是 400 萬母金，到 30 年後（60 歲）時：

17,287,768>17,000,000，達到財富自由度。

母金 480 萬，到 26 年（56 歲）時：

17,067,725>17,000,000，達到財富自由度。

母金 590 萬，到 22 年後（52 歲）時：

17,259,034>17,000,000，達到財富自由度。

母金 650 萬，到 20 年後（50 歲）時：

17,246,430>17,000,000，達到財富自由度。

50 歲還真年輕，很快就擁有財富自由度。

所以母金大就很重要，符合巴菲特 (Buffett) 的賺錢三大原則之二，若能提早進場，更能及早取得財富自由度。

若以第二個方案切入，母金 100 萬，每年 10% 投資報酬率（每年 10% 殖利率的股票難找），則第 31 年（61 歲）就可以達到：17,449,402>17,000,000 的財富自由度。

若母金是 280 萬，20 年後（50 歲）時：

17,124,545>17,000,000，達到財富自由度。

若母金更多，就更快達到財富自由度。

第一個方案，是以 5% 的殖利率，母金 650 萬在 20 年後（50 歲）時達到 17,246,430，同樣是達到財富自由度，但是母金卻不需要這麼高（只要 280 萬），顯然更具效率。

若是每年投資報酬率 15%，母金同樣是 280 萬，則更快達到財富自由度，但也可以母金 100~200 萬投入，找每年投資報酬率高且好的股票進場布局，認真、努力，佐以穩、準、狠的散戶特攻，要很快達到財富自由度是不難的。

若以每年定時定額加上不定時不定額（譬如：每年 50 萬、100 萬外加買入股價因被錯殺而拉回時的不定額投入布局），投資報酬更可觀，財富自由度更早達到。

根據英國的一項調查：鈔票，確實買得到幸福。

因此在股市中若有這個機會可以讓你成為贏家，早日取得財富自由度，何樂不為呢？

Chapter 2
投資心法、實務和策略

2-1 股市成功投資的流程

要在股市中生存且成為贏家，最好能依照下列投資流程：

題材面→產業面→基本面→籌碼面→技術面

相關說明如下：

❶ 題材面在 2-2 會說明，請參考。

❷ 產業面指的是和生產製造有關的新製程、新方法、新技術、新材料和研發創新。

❸ 基本面則是重視財報的分析，包含資產負債、損益表、現金流量表內的重要資訊，譬如：毛利率、營業收益率、稅後盈餘、EPS、ROE、現金流量、殖利率、周轉率、報酬率、P/E、本利比，償債能力等的分析，提供投資人進出股市的參考。

❹ 籌碼面主要指的是外資，投信和自營商三大法人的買賣資訊，可提供投資人買、賣、放空的參考。

❺ 技術面則是提供適當時機進場、出場、放空、持股是否續抱、空單回補和停損等的依據，以提供投資人進出股市的參考。

❻ 若一家公司有題材，就會有產業面的配合，接著就會落實在基本面上，包含亮麗的財務數字，有優異的基本面，法人群就會進場布局股票，這些資訊最後會在技術 K 線圖及指標顯現出來，是買、是賣或是放空，都可以從 K 線圖上看到，投資人就可依據線型去執行操作。

2-2 投資題材有哪些

題材分類

1 舊題材:但有延伸性。

2 新題材:未來發展性。

3 沒題材:等題材、找題材。

基本面題材

1 新設計。

2 新方法。

3 新材料。

4 新製程。

5 新市場。

6 新訂單。

7 其他包含:行銷、採購、策略、購併、策略結盟、強有力的 CEO、強有力的經營團隊……。

產業題材

1 自駕車。

2 電動車。

3 人工智慧。

4 大數據。

5 物聯網。

❻ 機器人及自動化。

❼ 虛擬實境。

❽ 電池。

❾ 車用設備（安全）及車聯網（電腦）：胎壓偵測器
(TPMS)、進階駕駛輔助系統 (ADAS) 等。

❿ 高科技紡織：全球運動及戶外知名品牌：Nike、
Adidas、North Face、 Columbia Decathlon、Under
Amour、LuLuLemon 等。

⓫ 醫材、新藥及其他生技股。

⓬ 穿戴式裝備、無線充電。

⓭ Type C：鈺創、晶焱、矽創、祥碩、嘉澤、立錡等。

⓮ 其他還有 PA、光通訊股等等。

⓯ 鴻海的購併夏普是題材，日矽合併成控股公司也是產
業的購併題材，荷商 ASML100% 購併漢微科也是題
材之一，這些購併對股價都會有影響，若能產生綜效，
股價就會上漲。

2-3　投資操作常遇到的問題

❶ 進場時機。

❷ 出場時機：停利或停損。

❸ 資金調配。

❹ 如何解套。

❺ 如何波段操作（日、週、月 MAL 及波浪理論）。

❻ 如何存股操作。

❼ 如何短線操作 (5 日 MAL)。

　* MAL：Moving Average Line（移動平均線或均線）。

說明如下：

❶ 進場時機參考 5-2。

❷ 出場時機參考 5-3。

❸ 資金配置參考 2-9 和 1-5 之 ❺。

❹ 如何解套參考 3-3。

❺ 波段操作可參考 4-12 和 4-13，也可以參考波浪理論，
　在第 1 波低點（也就是空頭完成第 5 波後）買進，或
　在第 2 波拉回量縮或 0.382 處買進，或在股價突破第
　1 波高點時買進；在第 5 波接近高點或高點賣出（出
　現賣訊的 K 線，價量背離，或跌破型態和上升趨勢線，
　相對強弱指標 RSI，隨機指標 KD，移動平均指標
　MACD 出現背離或轉空）完成波段操作。

❻ 存股操作參考 4-26。

❼ 短線操作參考 4-5，4-7，4-18，4-21，4-22 或以 5 日
　均線為主。當股價跌破 5 日均線、5 日均線下彎時，
　賣出或停利，均量的操作也是一樣。當沖操作參考
　4-18 的操作。

2-4　投資理財觀念

　　投資理財是希望藉由一些工具能將手中的財富變多，要達到這樣的效果，需要瞭解以下的觀念：

❶ 具有潛力的股票須具有獨特性，有研發技術能力，消費者能接受，有競爭優勢，這些類股票可以享有較高的 P/E，股價也較有表現空間。

❷ 臺灣股市是屬於尤金・法瑪（Eugene Fama，2013 年諾貝爾經濟學獎得主之一）所說的無效率市場，所以技術面、基本面、題材面、公開資訊，和內幕消息，都會反映股價的超額利潤；因此可以將這些工具應用在短線和波段上，至於長線存股就要會精於選績優且每年都有穩定配息（高配息）的好公司；另外在股市中還有懂得多空雙做，尤其在多頭市場要賺，空頭市場更要賺；放空股票適用於短線，亦適用於波段；就好像多頭買進或加碼適用於短線和波段一樣，只要嚴守停利、停損，多空都可以雙贏，所以不能只適應多頭操作，當市場由多轉空時，你就是要執行空單，但要設好風險比率，如此你就會輕鬆的贏，並減少風險損失；總之，到最後就是要懂得採用多空操作，若這種心態能夠成熟，你就會雙贏，這是指短線和波段操作；至於長線存股的操作只適用於做多，它是利用複利和時間幫你賺取另一桶意想不到的錢。

❸ Buffett 的三大名言很重要，重點就是持股要集中，買
有價值、長期持有的股票。

❹ 還要懂得順勢而為，逆向思考及危機入市，才能成為
贏家。說明如下：

   (1) 順勢而為，指的是操作波段或短線時，股價在走
上升波或下跌波和走在上升趨勢線之上或走在下
跌趨勢線下時，你就做多或做空，這就是順勢而
為，不預設立場，等著獲利。

   (2) 至於逆向操作，不論你是操作波段或短線，股價
在走完上、下 5 波段或跌破，突破趨勢線，你就
要逆向思考股價是否會反轉而下或而上，不要認
為股價只會漲、只會跌，而不會反轉，這時你要
採取和法人一樣的逆向操作方式，這樣在證券市
場中才能會成為贏家，不要忘了，股價萬般拉抬
也是為了賣，股價萬般拉回也是為了買，這就是
逆向思考的重點，要懂得抓住反轉點或位置。

   (3) 危機入市則是指在非經濟因素下所造成的股價大
跌，這時候要大膽的進場撿便宜貨，別人害怕時，
你要貪婪，這時候通常你是贏家。

   (4) 存股不在上述範圍中。

❺ 第一種就是不預設立場等著被抬轎，第二種就是在反
轉時出場獲利，第三種就是在大家恐慌時買進好股票
獲高利，以上三種都是獲利，在股市中就是要有這樣
操作的心態才會賺錢。

❻ 每年除權息、法人年底作帳、低 P/E、高殖利率、董

監事改選、每季的旺季股，都是可以穩穩賺錢的股票，可以特別留意。

❼ 依諾貝爾經濟學獎得主席勒發現，長期股價較容易預測，因為股價波動大於企業發放股利的波動，當股價／股利（本利比）較高時，股價就會拉回，本利比較低時，股價就會漲，因此可據此觀念建立模式來預測股票的長期股價，債券亦適用。

2-5　有用的投資資訊

投資股市須瞭解什麼資訊對你有用，並且善用於判斷買賣時機，以下介紹能為你帶進獲利的重要資訊。

❶ 依過去 10 年臺灣股市融資餘額的資料顯示，當融資餘額降到新低後 20 日的平均報酬率是 2.16%，60 日是 7.61%，120 日是 12.83%，240 日是 23.2%，可見臺股在融資餘額創新低後，上漲的機率很高。

❷ 如果臺股的 P/E 和 P/B 都很低，這是個機會。

❸ 10 年線支撐強，過去幾次都是拉回到 10 年線就強力反彈：101/11/30、101/10/30、101/7/31、101/6/29、100/12/30，重要的是拉回時，10 年線都要上揚，才有反彈能力。

❹ 週線則是 200 週 MA 線。

❺ 如果是操作短線者，請嚴格執行停損、停利，存股投

資不在此限。

❻ 至於放空，則要把握跌破停損或反彈不上停損點的時機，但要設停損，風險低，會賺。

❼ 臺股若受國內外因素影響而下跌，可以操作的方式就是：

(1) 搶短線來回操作。

(2) 多空操作：逢低買進，反彈到壓力賣出，反手放空。

(3) 留下資金，暫時觀望，等底部真正浮現再進場。

(4) 很多好股都超跌，中長線投資價值浮現，可以買進 P/E<10 倍的股票做存股。

❽ 在股市或投資市場中要有狼性，抓住機會就不能放，就像狼一樣，每次都瞄準目標，絕不放棄，因此在證券市場中不須預設立場，也不用做預測，要隨時用手中的工具見招拆招，獲利是第一目標，因此要做牆頭草，隨時轉換手中對己有利的持股，重要的是我要獲利，小確幸、大獲利都可以，只要不浪費手中資金的機會成本，就是贏家；所以要成為贏家，絕對要遵守停損、停利和資金配置的三大招，加上懂得短線、波段、放空和存股的操作，就能得心應手，其中尤其資金配置最重要，在底部要擁有大部位的資金，隨時抓住機會進場，在高檔要懂得將股票獲利換回現金（停利、停損要嚴格遵守），這是贏的策略；至於存股的投資方式，大家更要遵守 SOP。總之，手中資金要靈活運用，手中永遠要擁有可用的資金部位。

❾ 只要有題材，就會有基本面，有基本面就會有籌碼面，有籌碼面，技術線型就會轉好，這種股票值得注意；任何再好的股票也都會拉回整理，但是好的股票就是值得關注，因為它有價差可賺，但前提是漲多要懂得停利；跌破停損點要懂得停損；拉回時，手中一定要有資金可進場撿便宜，這就是說要做好資金配置，手中隨時都要有資金，只是看自己怎麼配置。這是贏家的心態，當然，敢放空也是操作方法之一，只要對自己有利都可做。

❿ 要找會漲的股票，除了看營業收益率、EPS 外，最重要的一項就是要看現金流量，而且現金流量一定要正的。

⓫ 如果對這些題材面、基本面、籌碼面的資料不熟，不知如何取得，你可以嘗試從技術面的線圖、指標去取得這些資訊，因為任何題材面、基本面、籌碼面的好壞都會表現在技術分析中的指標和線圖中，你就可以知道何時該買進、何時該賣出、何時該放空、何時該停利、何時該停損，最重要的還是要懂得做好資金配置，才能成為贏家。

⓬ 在股市大幅拉回的時機，就是要買價值型的股票，這種股票有題材，但隨大盤下跌而跟著下挫，已經跌到超過公司應有的內在價值，另一種就是要布局有未來性的股票，最有可能的是汽概股、半導體股、虛擬實境（VR）、物聯網（IOT）、機器人股、生技股，具題材基本面的好股；但前提是美股不能崩跌。

⑬ 要會選股是現階段必做的工作，選好股就是選好公司，要選好公司就要看公司的內在價值，這個內在價值就是資本報酬率和正的現金流量，而且這二項指標要穩定成長；其他 P/E（本益比）、P/B（股價淨值比），殖利率，ROE，PEG（本益比與稅後盈餘成長之比）等也都可以拿來做衡量內在價值的另一種指標。

⑭ 2016 年起，65 歲以上人口逐漸超越 14 歲以下青少年人口，顯示臺灣人口趨於老化，是全世界第二，之前已說過生技股絕對是長期的明星產業，手中組合一定要有生技股。

⑮ 105 年底，中國大陸全面開放二胎兒，新生兒將大增，也增加嬰兒商品的商機，包含嬰兒商品和教育相關產業，目前大陸人口約 13 億 7,000 萬人，以後人口只會更增加，相關公司商機可期，這些公司包含：麗嬰房、淘帝 -KY、智基、大地 -KY 等公司。

⑯ 股市投資的另一個勝利方程式（長線存股）：假設一支好股從 50 元（如之前各位看過某投資人在國泰金的存股）開始買，10 年後你的成本可能降到 30，也有可能降到 20，甚至 15 以下，股價是個循環，只要你買到好股，之後股價照樣再創新高，再回升到 50 以上或更高，這個情況會來來回回，漲高跌低買進都對存股投資沒影響，是因為複利讓這支股票長期存股而有較高的獲利，這就是好公司，若是，就可以長線操作，你手中可能已經在 10 年中累積到 100 張以上，也許在 200 張以上，10 年後你會發現你可賺多了，這

就是好公司加上複利的效果。這種股票須具備下列條件：

(1) 每年股息滾入（不足 1 張的股息可以買零股）。

(2) 定時定額操作。

(3) 不定時不定額操作。

(4) 逢低買進。

(5) 要有耐心。

(6) 至於要買什麼公司的條件已經給各位，請參考之（**這點很重要，一定要參閱 4-26 或以下的存股條件**）。

(7) 可以將能運用的資金撥 1/3 或 1/2 到這支績優好股上，1/3 留做波段操作，1/3 留做短線操作。如果你是喜歡操作短線及波段者，這二種操作一定要嚴守停利、停損及資金配置。

(8) 這家若是績優公司，絕對要永續經營。

(9) 若你的所得和稅基不是高的人更好（事實上存股時間拉長影響有限，因為你手中持有的是好公司，只要一項高 ROE 就夠了，何況還有其他助漲股價的因素）。

(10) 長期存股不受股價或經濟變動之影響，愈跌愈買，持股成本下降也愈快，但好股在經濟好轉時，反彈或回升力道很大，甚至屢創新高，你手中持股成本因複利及配息股而不斷的下降，當景氣來臨時獲利可觀，景氣好時更不用說，存股後也不用怕股價的漲跌，你可以穩穩等著獲利，但千萬

不要全部被洗掉,當大漲時可以調整一部分獲利了結,再持續這種存股投資的動作(這就是SOP),存股全部留著也可以,有一天你的成本可能降到 0 時,獲利更可觀,或利用低成本的優勢,每年賣掉幾張出國遊山玩水,玩回來又配回來,穩賺不賠。

(11) 選股很重要,選對股一輩子不愁。

(12) 最好有少部分配股,大部分配息的各行業的龍頭股(高現金股息)。

(13) 股價在 50~100 元之間。

(14) 低股價(長期低迷)通常不是績優好股,有可能不配息、不配股。

(15) 企業老闆都是用以上的方式累積財富。

(16) 你若是存股投資 1/2,另 1/2 可以配置各 50% 到波段和短線,如果你真的很忙,就操作 1/2 波段。總之就是你很忙的操作方式:a. 將資金全部投入長期存股;或你有些忙,可以操作 b.1/2 長期存股、1/2 波段;或你不很忙,但操作短線很有心得,你可以 c. 操作 1/3 長期存股、1/3 波段、1/3 短線。

(17) 不鼓勵你全部資金做短線,若你是 50 歲以下者,鼓勵你納入長期存股投資這部分,若在 60 歲以上,就將資金小部分放在長期存股(你有可能活得很長),其他大部分放在波段和短線,波段可以多點,若操作短線,一定要有時間看盤。

(18) 再重複,耐心、恆心和毅力是長線存股投資成功

　　的基石。

⑰ 臺灣股市是屬於法瑪 (Fama) 所說的無效率市場，所以技術面、基本面、題材面、公開資訊，和內幕消息，都會反映股價的超額利潤；因此可以將這些工具應用在短線和波段上，至於長線存股就要會精於選績優且每年都有穩定以上配息（高現金股息）的好公司；另外在股市中還要懂得多空雙做，尤其在多頭市場要賺，空頭市場更要賺；放空股票適用於短線，亦適用於波段；就好像多頭買進或加碼適用於短線和波段一樣，只要嚴守停利、停損，多空都可以雙贏，所以不能只適應多頭操作，當市場由多轉空時，你就是要執行空單，但要設好風險比率。如此，你就會輕鬆的贏，並減少風險損失；總之，到最後就是要懂得採用多空操作，若這種心態能夠成熟，你就是會雙贏，這是指短線和波段操作；至於長線存股的操作只適用於做多，它是利用複利和時間幫你賺取另一桶意想不到的錢。

⑱ **再提醒，要做存股的條件：**

(1)　ROE 高 (>15%)。

(2)　每年都有配息（高現金股息）。

(3)　殖利率 5% 以上。

(4)　配息配股或配息占 EPS 的 80% 以上。

(5)　P/B 在 1.5~3.0 倍間。

(6)　P/E 在 15 倍以下。

(7)　有穩定或穩定成長的營收和獲利。

(8)　創新研發能力強。

(9) 長期都有題材。

(10) 有強有力的 CEO 和堅強的經營團隊。

(11) 屬於龍頭產業股。

⑲ 請注意，可以逢低進場布局的好股：

(1) 很多好股被錯殺，P/E 偏低 (10 附近或 10 倍以下)。

(2) P/B 也偏低，大約 1.4。

(3) 融資餘額創新低水位。

因此好股有機會進行較大的反彈，讓好股的股價回到合理的價位，目前真的是應驗了「當你在市場愈害怕時，市場已進入扭轉向上的契機；反之，當你在市場愈高興時，市場已進入扭轉向下的轉捩點」，一般投資散戶常克服不了這種反市場心理，而在股市成為輸家，也應驗了停利、停損、資金配置的重要，會執行停利、停損的投資者，才會有好的資金配置，現在有足夠資金者，就是贏家，存股投資者也是一樣要有足夠好的資金配置觀念才能成為贏家，如果你會規劃資金配置，現在手中應該有足夠的現金，會在股價反彈過程中成為贏家。

⑳ 搶短，不要買進跌破前波低點的股票。

㉑ 若是最利空時間，往下買進價值型、超跌、業績好的股票是對的。

㉒ 重跌之下會浮出投資機會。

㉓ 無論如何，在股市中，除了存股投資外，都要嚴守停利、停損和資金配置。

㉔ 在現今波動大的股市裡，不能只看 EPS、ROE、P/E，最重要的是要看一家公司是否有足夠現金流量，有足

夠的「現金流量」的公司才是王道，當然其他數據也
不錯就更好，所以選股很重要。

㉕ 股票不會永遠漲，也不會永遠跌，在股市中要永遠逆
向思考，漲多時就要設法停利，跌多了就要布局，但
要布局的不是爛股，而是超跌有題材的績優股；外資
是採用程式交易，往上突破關卡價（有題材有業績），
在往上漲時一直買，跌破關卡價（沒題材沒業績），
在往下跌時一直賣，所以要警覺；散戶不敢追逐強勢
股（敢買，就要看技術面），想要往下攤平買股票，
就要買績優超跌股，所以要做好資金配置，而且這種
往下買的方式是要用比例增加的買法才會有效，當大
家在害怕驚恐時，就要注意布局時機；在大家興高采
烈時，就要找停利點出場。

㉖ 生技進入旺季，也是中長線，冬季很冷，愈冷生技愈
強，第三、四季本來就是生技的天下，未來會夯的股
票就在生技，看臺灣的人口結構就知道（銀髮族愈來
愈多），而且不受景氣影響，反正就是生技一定要布
局，可以從組合內的生技股去布局。

㉗ 將手中持股汰弱換強或買進拉回已整理快完成的低基
期有題材的股票，才能進可攻、退可守。

2-6 常用到的投資理財觀念和心法

　　想要當個股市贏家，就必須建立正確的觀念與實用的操作技巧，常用到的投資理財觀念和心法如下：

❶ 前文所提到的 Buffett 投資二個重點，是很多人奉行的圭臬：(1) 一定要賺錢；(2) 不能違背第一個原則。而他所提供三個建議也是投資時須先檢視的重點：(1) 如果你不願意擁有一支股票 10 年，那就不要擁有它 10 分鐘；(2) 只有不知道自己在做什麼的人，才需要分散投資；(3) 績優企業的股價不合理下跌時，是投資大好機會，因此要在股市中賺錢，就是要做好研究，找對進場時機，也抓住出場時點。

❷ Buffett 的三大名言很重要，重點就是持股要集中，買有價值、長期持有的股票。

❸ 技術分析是僵硬的，要活用它才會贏。活用的準則：分析→執行力。從分析到執行，股價和線圖及指標是會變化的，所以要靈活使用。

❹ 買點：股價拉回要介入，要找具有下列條件的標的：

　(1) 融資低。

　(2) 法人買（有籌碼面）。

　(3) 有題材面。

　(4) 有業績。

❺ 找短中長線買點：

短線：期指>現貨，正價差，若有3天以上，後市看好，
　　　若成交量（日）>5 日均量 >20 日均量，均量都
　　　增加。

中線：成交量（週）> 6 週均量 > 13 週均量，均量都
　　　增加（或採用 5 週，10 週均量）。

長線：成交量（月）> 6 月均量 > 12 月均量，均量都
　　　增加（或採用 5 月，10 月均量）。

後市看好、反之看壞，股價下跌，拉回整理，均量都
下彎。

❻ 股市三不政策：

(1) 不與政府政策對抗。

(2) 不違背趨勢。

(3) 不違背基本面。

❼ 日本投資大師川銀藏的投資法則：

(1) 慢慢買。

(2) 買進後，每天注意它的變動（基本面、技術面、
產業面）。

(3) 隨時依技術線型做調整或修正，若該股票之基本
面、技術面、籌碼面有變化，則應重新布局（出
場、加碼買進或做空）換股操作。

❽ Buffett 的投資法則：

(1) 不要預設立場，在買賣訊號未出現之前，不要預
設該股是會漲或會跌。

(2) 要買股票，就要買主流股，選擇股價上漲角度較

陡者（> 45 度）。

(3) 要買自己熟悉的股票（或投資標的）, P/B <1、
轉虧為盈、前景轉好的股票。

❾ 多頭、空頭市場之特徵：

(1) 多頭市場是緩漲急跌：緩漲急跌，表示後市看好，
穩健的上漲，急跌拉回換手洗浮額再攻，這是多
頭市場的特徵。

(2) 空頭市場是緩跌急漲：緩跌急漲，後市看壞，股
價緩緩下跌，跌多後賣壓轉輕，主力法人急拉股
價吸引散戶進場，再將籌碼丟給散戶，這是空頭
市場的特徵。

❿ 懂得選產業、懂得選公司、懂得選股價（任何商品價
格），當然會獲利，當你發現你的消費支出是別人幫
忙支付、自己都不需要花費一毛錢，是多麼快樂的事，
這就是投資理財的奧妙。

⓫ 做好資金控管，趁機撿便宜股票：

(1) 買股票盡量不要用融資。

(2) 操作期貨、選擇權不要買滿部位。

(3) 設好停利停損點。

股市名言：「行情總在悲觀中誕生，在半信半疑中成長，
在最樂觀中毀滅」。因此手中隨時要做好資金控管，在最需
要進場時，隨時都有現金，這樣才能在股市中生存，才能成
為贏家。

⓬ 投資觀念：做任一項投資都應做好資金控管及風險管
理、這是入市的基本觀念。

⓭ MSCI 基金經理人重要參考：MSCI 指數是摩根士丹
利資本國際公司編製的證券指數，包括全球各國、地
區、產業等，多由大型股、各產業龍頭股組成，是多
數歐美基金經理人考慮全球資產投資配置的重要參
考。MSCI 指數權重季度調整一年四次，分別在 2 月、
5 月、8 月及 11 月。其中 5 月、11 月屬於半年度調整，
影響力較大。一般來說，很多基金經理人會在季度調
整生效前，鎖定 MSCI 指數權重調整持股。但資金習
慣提前卡位，季度調整生效前一週的股價反應，通常
會比實際生效時顯著。

⓮ 選股能力的要件：在股市中（其他商品亦同）選股策
略很重要，選對了就賺錢，選錯了就輸了，就如同策
略之對於公司，正確的資料之對於市場調查，戰略戰
術之對於戰事一樣，但要如何增強自己的選股能力，
就需要有下列要件：

(1) 多學習財經、產業知識，總體面→產業面→基本
面→技術面→籌碼面。

(2) 多累積經驗（實作經驗），增加熟練度。

(3) 反應敏銳。

(4) 多做功課（整理資料、分析資料）。

(5) 絕不犯同一錯誤。

(6) 不要各股通吃、要專精、做投資組合。

(7) 要會做資金控管及調配。

(8) 要懂得停損及停利（對的就斷然切入、錯的馬上
退出）。

(9) 要做好心理建設（吸收風險、不患得患失）。

⓯ 找股方式：（包含賣股及放空）

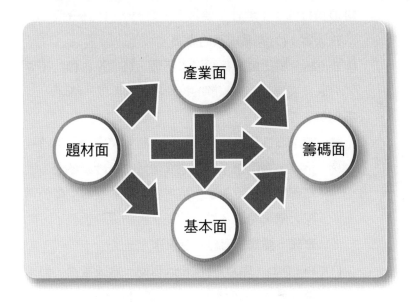

　　→技術面（找買點）→資金配置→設停利、停損點→
賣出股票後找放空點

⓰ 買股票要領先市場，市場敏銳度要強，與法人、股東
同步（因為訊息不對稱）→就有機會成為股市中的贏
家。

⓱ 操作：股票（或指數）在高檔爆巨量就要拔檔。股票
（或指數）在拉回整理後，出現巨量就是要進場。

⓲ 心法：在股市（投資市場）中，要贏一定要有：專業、
經驗、膽識、耐心。

⓳ 趨勢：過去 10 年來 Q4 股價拉回的機率小，等拉回可
以擇機布局旺季股及好股。

⑳ 在股市中不管是買、賣或放空，會做好（嚴格執行）停利、停損及資金配置的投資人，永遠是贏家。

㉑ 股價拉回（不理性）要做多，要找：(1) 融資低；(2) 法人買；(3) 業績成長的股票。

㉒ Buffett、墨比爾斯都說過：不懂、難的投資標的不要介入，股票最容易瞭解的投資標的，可以一路玩。

㉓ 趨勢：

(1) 等季節性股票，提前在拉回整理時布局、等待被抬轎。寒流來了，未來 2 個月會更冷到冬至，大寒都未到，冷夠了，抗寒衣、發熱衣的生產公司將大賺，總之冬季真的到了，紡織股也發了，如聚隆、儒鴻、南紡、金洲等。

(2) Big Data（BD）時代正式來臨，過去常提，但未趨成熟，現在很多大企業使用者眾，如 tsmc 用 BD 將 16mm 良率大幅提高，物聯網、機器人等的應用，讓 BD 的運用更多元化（如阿里巴巴）可注意 BD 相關概念股。

(3) 生技（絕對是長線、選新藥、醫材股）、遊戲、食品、觀光、物聯網、穿戴式裝備、智慧城市等。

(4) 機器人元年 → 2015，運用於製造、醫療照護、通訊、教育、娛樂等，繼半導體、平面顯示器後的第三個兆元產業。

㉔ 投資理財是一生的志業、永遠學不完→「不經一番寒澈骨、那得梅花撲鼻香」、「知識並非全來自書本，而是經驗的累積傳承」。

㉕ 資產配置：

(1) 投資不是只在比誰投報率比較高，更多時候是在比誰犯的錯少。年輕人、資金部位少的投資人，反而應該有債券的配置；股債兼具是資產配置的最重要守則，年輕人可以依自己的年齡和資金做比率配置。要有以錢滾錢的觀念，不要以時間賺錢，那是錯誤的觀念。

(2) 要自己賺的收入，再幫自己賺一份薪水，多棒啊，如何做？就是用 ETF 投資（股市及債市），也做資金配置，用心找標的，設好資金比例配置及債券。股市與債市是反向，債券風險較低，因為會買債券的投資人都是大戶級，怎能容許債券風險大，一定是壓低風險。

(3) 中、高價的股票，並不適用於散戶，因為散戶沒有足夠的母金（或資金），在股市中很少有買低價股而賺大錢的投資人，所以散戶只好用融資舉債（去買中、高價股），偏偏散戶能認真研究分析股市資訊的人少之又少，在舉債之下，又不會善用借款來增加自己的財富，常落到被斷頭追繳，賠了夫人又折兵，這個觀點是告訴各位要趕緊累積財富，認真學習。

(4) 設好資產配置比例後，一定要嚴格執行股債平衡，若結算時股價大漲超過原設定比例（手中持股市值占總資產比例），就應減股部位的比例，將資金轉到債券部位。若投資 1,000 萬，有 8~10%

（1 年）的投報率，到年底就賺了 100 萬元，等同另一份的薪資。這種投資很適合上班族，不用操心，只要選對標的，訂好資金配置，風險降低，適合保守穩健的投資人，可 1：1（股：債）、30%：70%（股：債）、20%：80%（股：債）或以「國內：國外」搭配。

(5) 累積第一桶金，愈早愈好，愈早機會愈多，不要隨便浪費手中一分錢，若不能投資中、高價股（資金不夠），但買中、高價股的零股也是一種絕佳的投資，不要一味地要靠政府、靠企業、靠父母，一切都要靠自己，「心有多大，目標就有多大」，智慧就在那一刹那間展現，成功的命運就在自己手中。

(6) 或找出自己的興趣，深耕所學，也是好辦法，但絕對不要浪費時間，過去要出頭很容易，機會多，現在要出頭很難，機會少，但不是沒機會，就是你要比別人更認真更努力、更勤快、更懂得思考。結論是：實力＋人緣＋PR（公關、人脈）+AQ（抗壓力），更要懂得創新，要有別人沒有的競爭優勢。

(7) 愈早取得財富自由度，你的人生會愈樂活喜悅，可以無憂無慮、優雅的過一生，這是人生的極致，何樂而不為。

❷❻ 多頭市場 (Bull Market)：看支撐、不看壓力；空頭市場 (Bear Market)：看壓力、不看支撐。

㉗ 贏家：在股市中要贏，就是要會多空雙做。

 (1) 在多頭 (Bull) 市場時就是做多，拉回修正時不要做短空（5 波）

 (2) 在空頭 (Bear) 市場時就是做空（5 波），反彈時不要做短多。

除非你是高手，就可在多頭做短空，在空頭做短多，否則不要逆勢操作。

㉘ 多頭市場：停利重於停損；空頭市場：停損重於停利。

㉙ 策略：在投資市場（股市等）要成為贏家，就不能預設立場，隨著線型（任何資訊都會轉成線型、指標或圖型），進行買、賣、停利、停損、放空或觀望之動作，而且要當機立斷，嚴格執行。

㉚ 觀念：在股市中要賺錢，一定要盯住外資、投信、自營商、大戶、實戶及懂得操盤的人和使自己不斷精進。

㉛ 操作：一支股票（或指數）的走勢，只有三種：

 (1) 上漲 (Bull Market)。

 (2) 下跌 (Bear Market)。

 (3) 盤整。

當上漲走勢形成時，會有 5 波的走勢，你要抓住買點，抓住就是贏家，但愈漲，就要做好持股比例降低的風險控管。

當下跌走勢形成時，也會有 5 波的走勢，你要抓住賣點及空點，抓住就是贏家。跌到第 5 波末段時，可以開始逐漸增加持股，此時也可以酌量融資買進。

㉜ 操作：依盤整而有不同手法。

 (1) 大盤整：有差價可賺，最好你是精於判斷圖形的

老手，在盤整中的股票不需要題材面、基本面、籌碼面，只要精研技術分析就可以。

(2) 小盤整：通常價差小，進出小賺，但有時還是會被交易成本及手續費吃掉小賺的獲利，散戶最好不碰，耐心等候突破（多）及跌破（空）時刻。

❸❸ 操作：任何股票（或指數）的走勢都有修正波(corrective wave)，會看修正波的投資人才會抓到股票的走勢是持續（走原來上升、下跌軌道），還是翻轉（由多轉空、由空轉多），如此你才會成為贏家。

❸❹ 心得：投資你熟悉的商品和產業，不熟不懂的就不要去碰，這樣你才能做到 Focus & Depth, 尤其是不要去碰複雜又不懂的商品，如此才能成為贏家。

❸❺ 經驗：沒經歷民國 78 年證所稅事件的 19 天無量下跌（指數從 8,789 跌到 5,615 點，號稱「郭婉容事件」）之投資人，真的是不知道股市的震撼，當然再加上 86 年的亞洲金融風暴，和 97 年的雷曼兄弟事件，若你能經歷磨練（譬如兩岸問題及大陸股災、美國升息等），你就會更能適應股市這個叢林世界，你一輩子都不能不理它，它可能是你能找出一套適合自己的操作法和穩、準、狠的操作功夫（執行力），你就是贏家。

2-7 / 投資贏的策略

　　股市投資想贏想獲利，就要有必勝策略，以下是選股與
建立部位時，一定要檢視的要項。

股票獲利要件

❶ 買到好的公司。

❷ 買到好價位。

❸ 除了買到好公司、好價位的股票外，也要會懂得買到
中、長線保護短線的股票，如此才能在股市中生存成
為贏家。

　　所謂中長線保護短線的涵義是：

(1) 這支股票中長線有題材（具延伸性）。

(2) 從週、月線看得出來就是短線拉回，週或月線有
支撐在保護，也就是說有線型（包含 K 線、K 線
型態、Trend line、MAL 等）和指標（RSI、KD、
MACD、DMI 等）或量價關係在保護。

選股條件

❶ ROE 高（>20，或 >15）。

❷ 高 EPS。

❸ 高殖利率。

❹ 足夠的現金流量。

　　＊最好能連續 5 年以上。

🏃 技術面選股

❶ 從日線中去找 MAL 有三線合一或多線（超過三線）
合一的股票。或盡量找三線或多線匯集的股票。

* 若發生在底部區，漲幅更大。

* 週、月線都可以找得到。

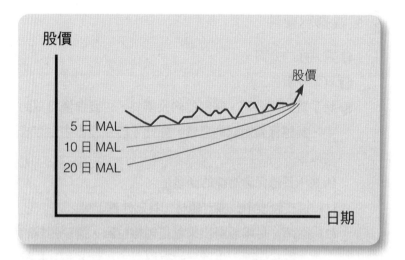

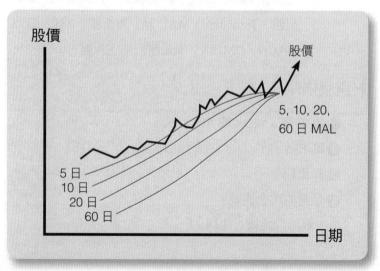

❷ 從日線中去找底部已整理完成（或型態完成），並出
　現旱地拔蔥的成交量且配合中長紅 K 的 K 線圖，此
　時有三個重要的買點會出現，可以分配資金進場買股
　票，就可以成為贏家。
　* 週、月線也都可以找得到。

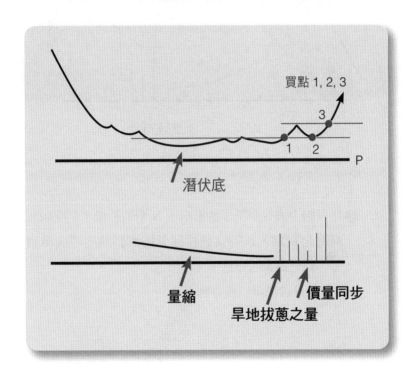

❸ 從日線中去找突破下跌趨勢線的股票，並配合大量紅
　K 的買點，也可以在紅 K 後的第二天拉回量縮時，進
　場布局。
　* 週、月線都可以找得到。

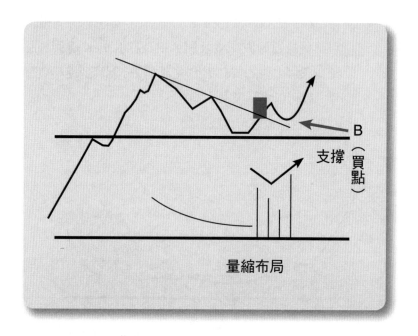

支撐

B（買點）

量縮布局

❹ 從日線中去找強勢上漲形成上 N 型的股票，若突破前
高時是買點，或等突破拉回量縮測試前高不破時買
進，都是贏家的策略。
＊週、月線都可以找得到。

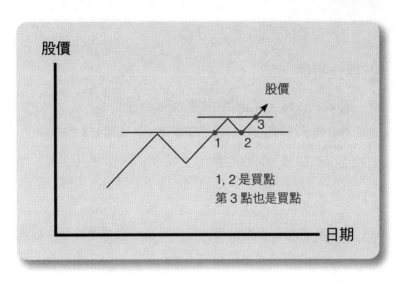

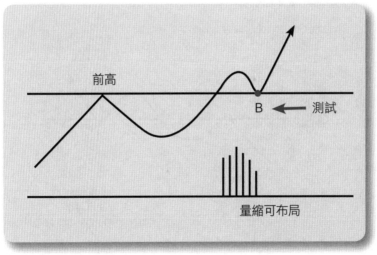

❺ 贏家：每支股每 1~2 年（1/2~1 年）間都會有一個大
波段，要抓住，而且要抓大波（有題材、有業績的中
小型股，漲幅大），底部（各種型態）整理完成，就
出現三個買點。

　　* 旱地拔蔥量＋中、長紅 K。

🏃 操作指標

❶ 從三大法人買進中去找股票。

❷ 然後從這些股票中去找線型轉強（或轉弱）的標的：

(1) 在高檔：突破前高拉回測試頸線，成功的第②、③點買進；反之放空。（下跌時會出現第②及③點）

(2) 在中、低檔股價突破平臺或型態整理的第①點及突破拉回測試頸線成功的第②及第③點買進；反之放空。

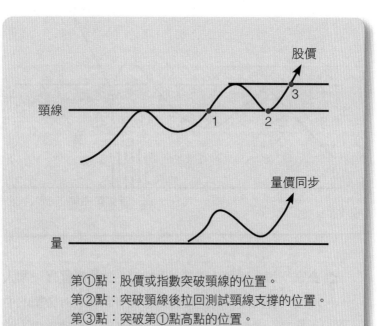

第①點：股價或指數突破頸線的位置。
第②點：突破頸線後拉回測試頸線支撐的位置。
第③點：突破第①點高點的位置。

(3) 股價行進或整理中因題材（如二胎化）而跳空漲
    停，可以等拉回量縮缺口不補時買進；反之放空。

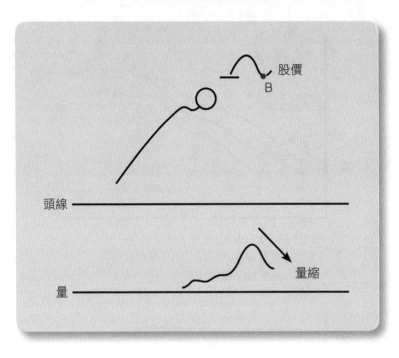

(4) 找三線合一或匯集的股票；反之放空。

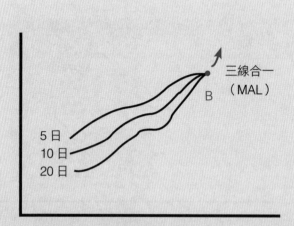

5、10、20 日 MAL 上揚，可買進。
其他位置有相同狀況時，都可擇機買進，
但因位置不同，獲利也不同。

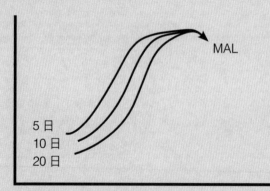

5、10、20 日 MAL 下彎，停利賣出，
可放短空，說明同上。

(5) 或在月 K 線圖中找 K>D>20 或 K>D>50 的股票，
配合中長紅 K，若出現第二次中長紅 K 更佳，右
底在 50 之上更佳。（K、D：隨機指標）

或二次交叉，右底 > 左底之股票出現第 1 條紅 K。

或二次交叉，右底 > 左底出現第 2 條紅 K 時；反
之做空。

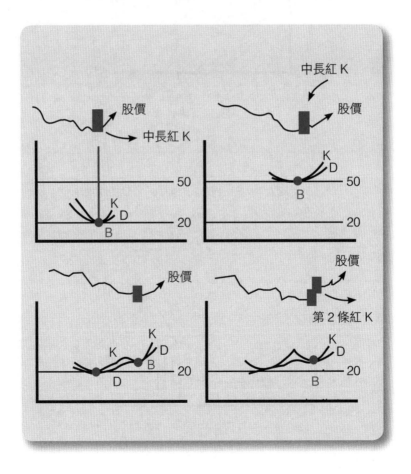

(6) 或在日線中,當日量 >5 日均量 >20 日均量的股
票買進;反之賣出或放空。

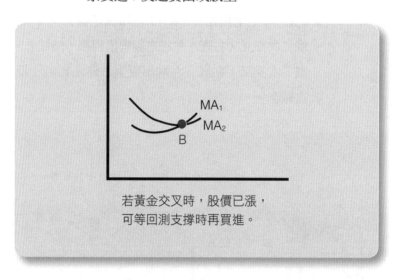

若黃金交叉時,股價已漲,
可等回測支撐時再買進。

(7) 找黃金交叉的股票,出現死亡交叉應賣出或放空。

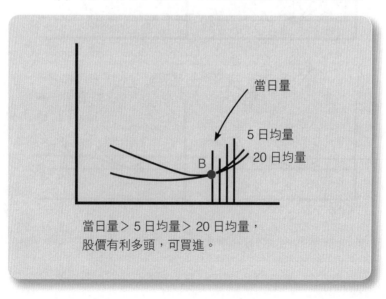

當日量 > 5 日均量 > 20 日均量,
股價有利多頭,可買進。

(8) 依週期 (如 20 日，或 60 日 MAL) 從 Granville 法
　　則去找①、②、③點買進，或在第④點負背離時
　　買進搶反彈；反之在第⑤、⑥、⑦點放空，第⑧
　　點正背離賣出，週、月 K 線亦可同樣方式操作。

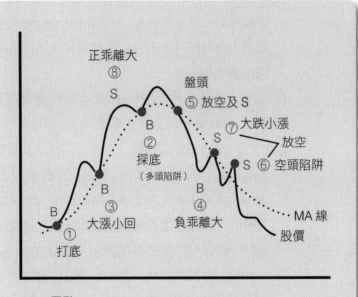

B：買點
S：賣點
正背離：positively biased
負背離：negatively biased

(9) 突破各種型態時的第①、②、③點買進；反之賣出，等放空。

(10) 股價拉回到 200 週 MAL 可以布局——週 K 線圖。

(11) 股價拉回到 120 月 MAL 可以布局——月 K 線圖。

(12) (i) 突破下降 (Trend line，紅 K+量+3%) 可以布局、短線應對，尤其是第 1、2 條 Fan trend line 時，在第 3 條突破時才正式加碼做多（在底部信心恢復需較長時間）。

(ii) 若是在股價上升過程中的拉回：若股價突破下降 Trend line，表示股價轉強，可以布局。

(iii) 上述 (i)(ii) 二點若出現在空頭，則賣出及放空（第 1 條，即 Major Trend line，若跌破賣出 50%，放空 20%；第 2 條若跌破賣出 30%、放空 30%；第 3 條若跌破賣出 20%，正式轉空、放空 50%），在空頭市場任何反彈跌破 Trend line 皆賣出或放短空。第①、②點位置放空，最好設 6% 的停損價。

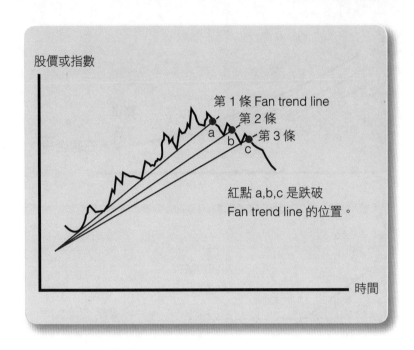

(13) 在週線中，若 6 週 MAL 走平翻揚可布局；反之
賣出，等放空。

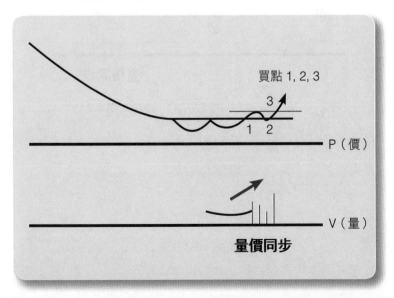

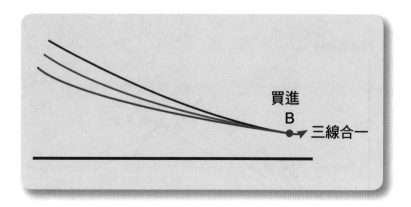

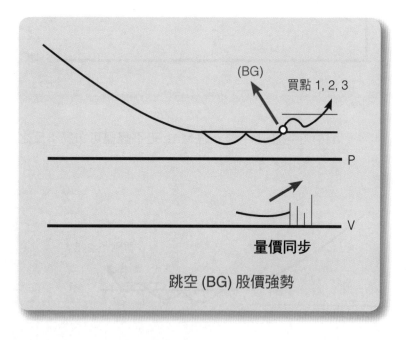

跳空 (BG) 股價強勢

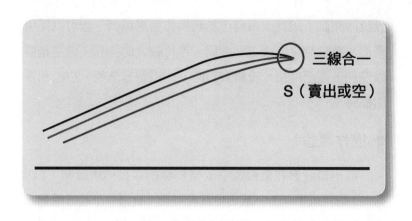

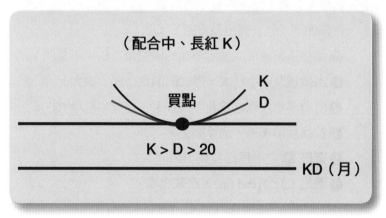

🚶 操作策略

一支股票有業績（基本面）、有題材面，也是一支即將到來的旺季股，但此股有關卡價壓力，這種股通常在關卡之前會來回震盪整理（貼著 5 日 MA 線上下移動），短線高手可以來回操作（在 1 條長紅 K 鎖碼量之後），採用量縮買進、量大出貨方式進出獲利，等到接近旺季，有籌碼面出現，此時該股會以大量紅 K 站上關卡，這時短線操作結束，等該

股拉回測試不破關卡價時，加碼操作進場鎖碼，也可以採用底部 3 點買股之方式進場鎖碼，等待較大的獲利，但還是要設停利，甚至停損（看錯資料時）→以智冠為例，小心利多出盡時。

操作觀念

當一檔股票在低檔或中低檔整理相當長一段時間（1 個月、3 個月或半年），若出現量價齊揚（有量、旱地拔蔥量，中、長紅 K）時，這支股就不會寂寞，漲勢形成。

買點如下（包含賣出及空頭）：

❶ 價穩量縮或形成極度萎縮的成交量（B_1，不易測）。

❷ 出微量及中小紅 K，形成凹洞量（B_2，膽大）。

❸ 出現旱地拔蔥之量及中長紅 K，在盤中進場 (B3)。

❹ 拉回量縮（B_4，洗浮額）。

❺ 突破 ❸ 之中長紅 K 時 (B_5)。

❻ 劃出上升 Trend line，跌破出場。

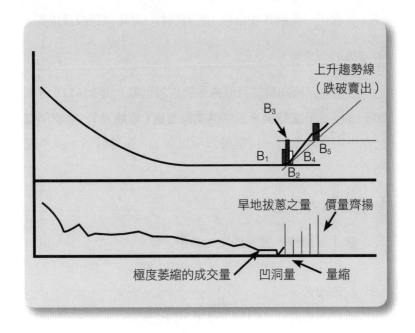

❼ 或以 5 日線為停損：(a) 跌破 3 日沒站上；(b) 5 日線
下彎。

❽ 跌破型態 M 頭或頭肩頂之板線或逃命線形成時，做
空。

❾ 跌破第 1 條 Major trend line 小空 (20%)，第 2 條中空
(30%)；第 3 條長空 (50%)。（見 p.62 之圖）

👤 進出關鍵

❶ 股票（或指數）在高檔暴巨量就要拔檔。

❷ 股票（或指數）在拉回整理後出現巨量，就是要進場。

❸ 長短線進出：

　(1) 一支股票在高檔，就算強勢也只能短線操作。

(2) 一支股票在低檔，若有題材，就可以採波段操作。

避險性選股

股價拉回橫向盤整且價格未跌破最低點，而 MAL(5 日、20 日) 已走平或翻揚、上檔離季線還遠 (乖離大)，當然年線已在下端形成支撐，這種股票可以布局，風險較低，贏率較高。

成為贏家步驟

❶ 下場操作、實際操作，累積「穩」、「準」、「狠」的功夫，去對抗法人、主力的「養」、「套」、「殺」三部曲。

❷ 接著要做好：停利、停損、資金配置。

❸ 再接著要做好： 投資心態要保持不貪心、不急進、不獵喜，要用生活費外的資金去投資，永遠將投資當成「娛樂」，而不是「賭博」。

❹ 除非你的「功力」、「膽識」夠強，否則盡量不要用「融資」買股票，不要做「當沖」。若你的「研究力」、「功力」、「膽識」夠強，你可以進場做「當沖」、「短線」，當然搭配「波段」、「長線」及「存股操作」會更棒，你就是贏家。

❺ 專家不一定是贏家，贏家可以說是專家，投資市場只有贏家，沒有專家。

❻ Buffett 說過： 投資的目的就是「賺錢」、「賺錢」、再「賺錢」。

❼ 投資就是這麼一回事：找標的（如股票）→題材→基本面→供需關係→量價關係→籌碼→技術分析→找出買、賣、放空、停損、停利點（包含多、空兩面）→贏家。

🏃 贏家選股條件

❶ 潛力股的條件：(1) 業績回升；(2) 轉虧為盈。

❷ 股價拉回挑股之條件：(1) 未來性；(2) 價值性。

🏃 觀戰

不管是在何種不利因素下，要留意下列特性：

❶ 贏家永遠是賣在高檔（包含放空），買在低檔。

❷ 輸家永遠是買在高檔，賣在低檔。

❸ 贏家永遠是在低檔握有現金。

❹ 輸家永遠是在低檔沒有現金。

2-8 臺股操作心法

股市變數多，政治、經濟等各種因素都會牽動盤勢，所以投資時要謹守下列操作心法，才能持盈保泰。

❶ 不違背政府。

❷ 不違背趨勢。

❸ 不違背基本面。

❹ 設停利、停損，要嚴格執行。

❺ 停損點跌破時可以放空，但要設停損，也是要嚴格執行。

❻ 做好資金配置：1/2~1/3 的收入，不影響生活支出，再針對 1/2~1/3 的資金做 1/2, 1/4, 1/4 之配置放入養股（存股）、波段、短線操作。

❼ 跌時重質，好股才能在低檔回補。

❽ 爛股順勢放空，設好停利。

❾ 資金足夠者，買在左邊底部和右邊上漲位置。

❿ 散戶買在底部整理完成右邊的位置。

⓫ 最好的買點是在突破後的 3 個點。

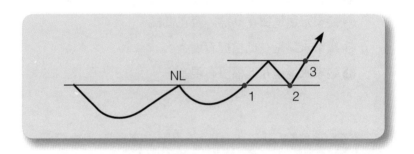

　　1、2、3 都是買點，2、3 點更好，其他頭肩底、圖形底、潛伏低、三角形、箱型底等都可以找出 3 點，但有時不一定是標準形，有時第 2 點拉回不會碰觸 NL（頸線，Neckline），但也是買點，以上 1、3 點突破要紅 K 帶量，第2 點拉回要量縮。

⓬ 空點恰好是反向的 3 個點。

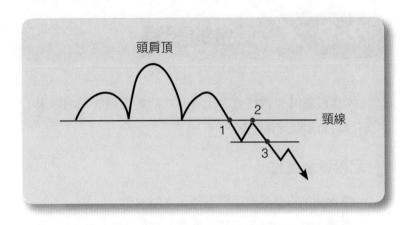

⓭ 設定好短（日）、中（週）、長（月）線的操作。

⓮ 散戶操作要以技術分析為主，基本分析為輔。

⓯ 永遠記得：題材面→基本面→籌碼面→技術面。

⓰ 要看融資券及法人庫存。

⓱ 累積操盤經驗、增強投資心理面，要有膽識，勇於執行。

⓲ 多研究國際盤。

⓳ 多看總體面。

⓴ 不要想一夜致富，永遠要有耐心。

㉑ 不借錢投資。

㉒ 要重視產業面的變化，對股價的影響（短、或中、長線）。

2-9 / 資金的配置

操作股票時要做好資金配置，才能夠保持勝利的戰果，同時隨時有銀彈可做部署。

配置資金重點

❶ 永遠記得要在股市轉空時，拿回資金。

❷ 要在股市拉回築底時，手中永遠有資金（現金）在手。

❸ 景氣最差時，手中有資金者，永遠是財富重分配的贏家。

操作重點是在股價的高檔要將股票換成現金，在股價的低檔要將現金換成股票。

高檔操作

❶ 第 5 波。

❷ 利多不漲。

❸ 好消息不斷。

❹ 融資大增。

❺ 線型轉壞（MAL 下彎、死亡交叉、下跌 K 線的訊息：以黑 K 居多等）。

❻ 出現背離 (negative)。

❼ 門庭若市。

❽ 景氣指標在高檔 (油價、CPI、利率、景氣燈號等)；反之，則為低檔

Chapter 3
看盤重點與布局時機

3-1 股價拉回時要如何布局

❶ 股價拉回要介入，要尋找具備以下特質的標的：

(1) 融資低。

(2) 法人買（有籌碼面）。

(3) 有題材。

(4) 有業績。

❷ 找出股票的買點：

(1) 在底部（股價拉回整理過程中）出現鎖碼量，長紅 K 時有 3 個買點。

(2) 突破 1st（2 成），2nd（3 成），3rd（5 成）下降趨勢線 (Major trend line) 時。

(3) 當股價突破 MAL（MAL 上揚、Granville 的第 1 點），若股價拉回，MAL 持續上揚會出現 Granville 的第 2、3 點都是買點（具助漲效果）。

(4) 當股價在低檔與 RSI、KD、MACD 形成正背離時。

(5) 當股價在低檔與成交量形成正背離時。

(6) 當股價在底部突破型態（W，頭肩底）時①，或拉回時②，或突破①之高點時。

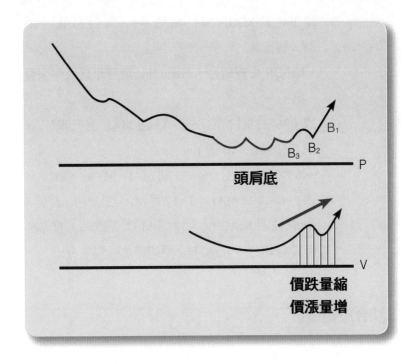

(7) 當 K>D>20 或在 20 附近，有二次交叉的買點及
看第二次紅 K 時，若 K>D>50 加碼。

(8) 當 DIF >MACD（在 0 軸下），柱形圖又轉正時，
也有二次買點及二次紅 K 時。

(9) 當 DIF > MACD > 0 軸，柱形圖在 0 軸上，加碼。

(10) 多條 MAL（2 條及以上），匯底部匯集時（日、
週、月）。

❸ 買賣的參考指標：

(1) 當 P>5 日 MAL>20 日 MAL，5、20 日 MAL 上升
時，買進。

(2) 當 P<5 日 MAL<20 日 MAL，5、20 日 MAL 下跌時，賣出。

　　* 或採用 K 線組合，Trend line 型態學之操作來賣出。

(3) 或 P>6>13 週 MAL，6、13 週 MAL 上升時，買進 (或 5 週、10 週)。

　　p<6<13 週 MAL，6、13 週 MAL 下跌時，賣出。

(4) 或 P>6>12 月 MAL，6、12 月 MAL 上升時，買進。

　　p<6<12 月 MAL，6、12 月 MAL 下跌時，賣出。

* 採用 K 線組合，Trend line 型態學之操作來賣出。

以台耀為例

A 處，量價同步，中長線紅 K，旱地拔葱之量。

B 處，量突破後急縮，股價拉回是買點。

股價由 49.1 延著 1、2、3 條上升趨勢線上漲，第 2、3 條上升趨勢線已修正，中長線未跌破上升趨勢線股價可續抱。

短線的股價已在第 4 條（Minor 線）跌破，應出脫短線持股。

A_1 處 : K>D>50

A_2 處 : 5 日 RSI > 10 日 RSI > 50

A_3 處 : DIF > MACD > 0 且柱形在 0 軸上。

A_1、A_2、A_3 呈現買點，而且是加碼買點。

❹買點：在週線中，若股價拉回到 200 週 MAL 時，是很好的一個買點，股價會反彈，容易獲利。

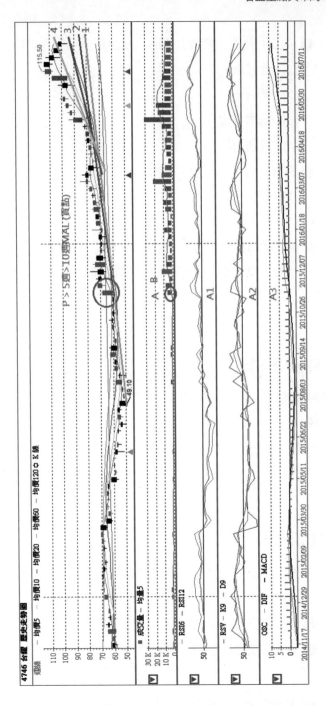

❺心法：股價（指數）拉回，須注意下列條件之股票：

(1) 低基期。

(2) 低價。

(3) 低本益比。

(4) 獲利看好。

❻股價拉回（不理性）要做多，要找：

(1) 融資低。

(2) 法人買。

(3) 業績成長。

　　上述 ❶、❺、❻ 的買股條件都可以個別使用，或綜合起來使用亦可，只是條件較多。

3-2　股票買了之後的問題

　　買進股票會面臨許多問題，面對消息面、籌碼面、技術面的變數，要做許多判斷，下面列出一些關鍵問題與解決方案。

股市問題

❶買了某支股，該股盤整，但是其他股票在漲，此時如何處置？

❷想買某支股，但開盤看到該股已經漲停，該怎麼辦？

❸買了某支股，該股不漲反跌，但是其他股在漲，該如

何處理？

❹ 買了某支股，該股下跌，賣掉後，該股卻上漲，如何
處置？

❺ 買了某支股，該股漲得慢（溫吞），是否應換股？

❻ 股價到了停利點，你會停利嗎？

❼ 股價到了停損點，你會停損嗎？

❽ 新手首進股市，看了有漲、有跌的股票，如何進場？

❾ 股市中有很多利多或利空消息？你如何分辨？

❿ 你如何做投資組合？降低風險，還是強調利潤報酬？

上述 ❶~❿ 在空頭市場 (Bear Market) 中，亦然。

🕴 處理方式

❶ 若買的股票沒跌破停損點，就可續抱，或者換強勢股。

❷ 想買的股票漲停，可等拉回量縮再進場，或換其他強
勢股操作。

❸ 若手中持股跌破停損就出場，換強勢股操作。

❹ 那是自己看盤功力不夠，要多學習多研究，可等拉回
量縮或拉回價穩量縮時，再布局。

❺ 若手中的持股都沒違背技術分析的條件，沒跌破停損
也守在支撐之上，上檔也沒壓力時，可以持股續抱，
這是股性的問題，屬於穩漲型。

❻ 手中持股到了停利點，就應該出場，不能貪心。

❼ 手中持股跌破停損一定要執行，在股市中要成為贏家
一定要遵守停利停損的規則。

❽ 新手首度進場，最好買有業績有題材的權值股或產業

龍頭股，不要買波動大的中小型股。

⑨ 利多不漲就要出場，利空不跌就要進場。

⑩ 投資組合的操作方法主要在降低風險，可以布局有題材有基本面的好股，選一至三支操作，投資報酬率低但風險也低，若要重視投資報酬率，可以選中小型的股票，會漲但風險也高，所以看盤的功力要強，才能成為贏家。

3-3　股票被套牢時的處理

投資不會永遠是順境，當股票套牢時，可以下面的處理方法來脫離困境。

❶ 被錯殺的股票，拉回整理完逢低再布局。

❷ 若是管理、獲利不好的股票被殺時，要當機立斷執行停損。

❸ 來不及出場的股票（未停損）最好換或等值的另一支會上漲的股票（彌補損失）。

❹ 在股價高檔將融資換成現股以免被斷頭，之後再執行❸之動作。

❺ 手中的爛股被殺時，一定要即時停損或在反彈（技術面）時斷然出場換股（因為爛股不可能回升）。

❻ 可辦信用戶，最好不用融資，可以在爛股反彈時融資放空，賺回損失的金額。

若要減少套牢，就要依下列方式操作：

❶ 嚴格執行停利、停損。

❷ 做好資金配置。

解套 QA 總整理 ───────────────

Q：若你買了 100 元的股票（有題材、有基本面），不幸被
　錯殺，跌破了頸線的停損點 80 元，

　・你要不要停損？

　・停損點有三個，你如何操作？

　・若你不執行停損，後果又是什麼？

　好，你執意不停損，請問你如何解套 100 元這張股票？
　殺掉它，你停損都不肯執行了，那你就會殺到低點或
　放長浪費時間去解套，但這都不是解套的方法；時間、
　利息都會被卡住，機會成本不見了，自己也會悶悶不
　樂，這都不是投資之道；投資都會有賺有賠的時候，
　一個好的投資者應該是要懂得將賠的部分逆轉勝，但
　要如何操作呢？

　你若真的不願停損，你首要做的是你手中還有資金夠
　你用（假設你已經做好資金配置）。

　好，假如你會看盤，你在 55~60 買回這支股票（跌回
　滿足點和被套的同一支），請問你如何操作才能降低
　你手中這支 100 元股票的損失，目前你的損失是至少
　40 元。

　若你不停損、不放空、不回補，只想等著股價從 55~

60（目前完成跌幅的位置）再反彈或回升到 100（不賺不賠）或以上（有賺），你說可能嗎？是漲將近 1 倍耶，請問你，要如何操作，才能讓你不再害怕虧損，投資是在經營策略，知道如何反敗為勝，才是真正的贏家。

解答：

1. 不停損

但要記得在跌幅滿足時再買回股票，將高檔被套的股票降低成本，才有機會解套；或運用在底部買進的股票來回操作，逐步將虧損的股票打平或賺回來；底部這支來回操作的股票也可以在每次賣股時同時放空，以加快獲利的提升。

2. 停損

換強勢股操作或放空以賺回虧損的部分；或在跌幅滿足點附近再買回，並在反彈過程中降低或賺回虧損部分，至於放空部分要設 6% 的停損，若股價持續下跌，可以在滿足點附近回補，以彌補虧損，甚至可以獲利。

3. 放空

不管有停損或沒停損，記得在跌破停損時反手放空，等到滿足點達到時再回補以彌補虧損，有時還可以獲利，但要設停損價 6%。

被套的處理：

1. 沒有融資，只操作現股

例證：若你手中持有 1 張價位 100 元的股票，因外在因

素導致股價跌破停損點 80，自己也嚴格執行停損，賣在 78，依跌幅股價會跌到 60，當股價跌到 60 附近遇支撐不再下跌，若你是現股操作者，不甘心此股虧損，你可以在 60 附近買回，等反彈到 80 或以上價位獲利賺回，前提是這支是好股票、是被錯殺的，你可以運用這支股來回操作，直到你賺回來為止。

反之，你手中的股下跌並未跌破停損點，你也可以找出頸線測量出跌幅，在跌幅附近採用上述的操作方法，來回操作賺回來，但前提也是這支股被錯殺。

2. 有融資券時

若這支股跌破停損，你可以反手作空，有一～三次機會讓你賺回虧損，但要設 6% 停損；或你可以在跌幅滿足點或支撐點附近用融資放大部位回補，這時你的成本降更低，股價反彈要回到頸線以上獲利就更容易；或來回操作讓虧損變成獲利。

若更不幸，股價再跌且跌破滿足點，這時這個滿足點又形成另一個停損點，因為你有融券，可以依照上述方式再放空，賺下段空單的獲利，如此來回操作，你手中在高檔買進的股票就不會受傷。

若真的是好股，你只要資金足夠，你可以採用往下分批承接的方法（如我的操作），盡量拉高投資報酬率，以便往後在操作時不會有較多的壓力，也可以逐步降低風險，恢復信心。

或在每次滿足點附近用融資放大信用買進股票，但要扳回一城成為贏家（在股票被錯殺下），你需要有足夠的資金

才必贏。

　　另外，就是在執行停損後，將拿回的資金去換強勢股操作，再賺回來。

　　若股價又反轉而下時，就執行空方部位，如此，你還是贏家。

　　不要忘了，你買賣的對象是跌下來的那支股票。

　　在股市有一套功夫，風險自然降低，說實話，股市學問多，學會了還真好賺錢。

　　事實上，在股市中會被套都是執行者的心理問題：該買不買、該賣不賣、該停利不停利、該停損不停損、該回補不回補，該放空不放空，這就是執行問題，時候到了，該學東西了，學問永遠在變化中，要創新改進才會在股市中長存。

　　投資股票還有二個最大的好處：不容易得老人痴呆症、瞭解各行各業的變化。

3-4　股市在重挫時該買的股票

　　股市重挫時不要慌張，更應審慎應對，這時該布局的股票有二大類：

❶ 價值型股票：價值型的股票就是 P/B<1 或更小，但已經轉虧為盈，或被錯殺的好股票。

❷ 未來型股票：未來型的股票是指公司未來有題材、有
前景，公司會繼續成長、獲利會不斷提升的股票。

3-5 如何買進跌深股和反彈股

　　看到股價不停下跌，到底要在何時進場？判斷的指標又
是什麼？如果個股出現反彈，又應該在何時買進？下面提供
你一些判斷的準則。

❶ 跌破季線（或半年、年線）乖離大，符合 Granville 的
第 4 點。

❷ 跌回前波起漲區。

❸ 拉回 Wave principle 的 C 波低點。

❹ KD 在谷底、乖離大、或 K 向上勾腳或 K>D 時（20
附近）。

❺ 在 0 軸下，DIF>MACD 時。

❻ 利空不再跌。

❼ 量縮不再跌。

❽ 5 日線翻揚。

❾ 出現紅 K，鎖碼量，法人進場。

❿ 突破 Major trend line，中、長紅 K，3% 確認，（有底
部型態更好）。

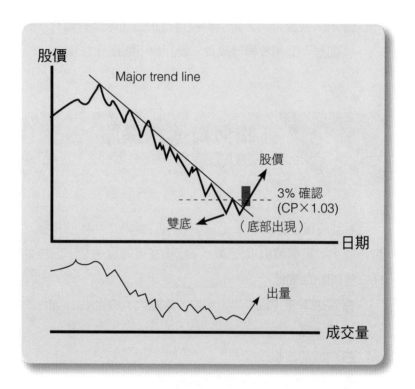

⑪ 基本面轉好，開始有題材。

3-6　股市操作的贏家法則

🚶 投資 Key Point

經驗（累積）→產生信心→執行力（包含資料收集、分析及知識的運用）→不預設立場→隨線型變化做調整（買、

賣或觀望）

技術工具只是輔助性，可以幫助下單或抽單更有信心。

心理因素

股價漲→開心

股價跌→害怕

這就是股市迷人之處

·開心要懂得停利，才是真賺，害怕要懂得停損，反手放空也一樣是賺。這個停利點及停損點，甚至放空點就要靠你的功夫、膽識和投資心理。

觀戰（不管是在何種不利因素下）

❶ 贏家永遠是賣在高檔（包含放空），買在低檔；輸家永遠是買在高檔，賣在低檔。

❷ 贏家永遠是在低檔握有現金，輸家永遠是在低檔沒有現金。

操作一

❶ 從三大法人買進中去找股票。

❷ 然後從這些股票中去找線型轉強（或轉弱）的標的。

   (1) 在高檔：突破前高拉回測試頸線成功的第②、③點買進；反之放空。

   (2) 在中、低檔股價突破平臺或型態整理第①點及突破拉回測試頸線成功的第②及第③點買進；反之放空。

(3) 股價行進或整理中因題材（如二胎化）而跳空漲停，可以等拉回量縮缺口不補時買進；反之放空。

(4) 找三線合一或匯集的股票；反之放空。

(5) 在月 K 線圖中找 K>D>20 或 K>D>50 之股票，或二次交叉，右底 > 左底之股票出現第 1 條紅 K，或二次交叉後，在右底 > 左底出現第 2 條紅 K 時；反之做空。（見後面 KD）

(6) 在日線中，當日量 >5 日均量 >20 日均量的股票買進。

(7) 找黃金交叉的股票，出現死亡交叉應賣出或放空。

(8) 依週期（如 20 日或 60 日 MAL）從 Granville 法則去找①②③點買進或第④點（負背離）時買進搶反彈；反之在第⑤⑥⑦放空，第⑧點（正背離）賣出，週、月 K 線亦可同樣方式操作。

(9) 突破各種型態時的第①②③點買進；反之賣出，等放空。

(10) 股價拉回到 200 週 MAL 可以布局——週 K 線圖。

(11) 股價拉回到 120 月 MAL 時，可以布局——月 K 線圖。

(12) 觀察 Trend line：

(i)突破下降 Trend line（紅 K+ 量 +3%）可以布局，短線應對，尤其是第 1、2 條 Fan trend line 時，在第 3 條突破時才正式加碼做多（在底部信心恢復需較長時間）。

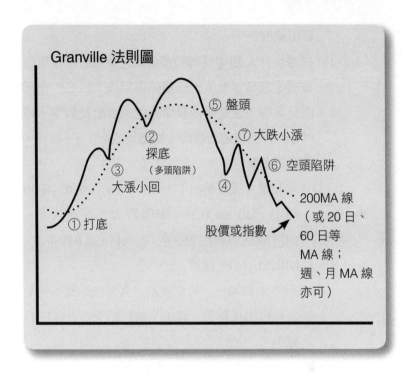

Granville 法則圖

⑤ 盤頭

⑦ 大跌小漲

② 探底
（多頭陷阱）

③
大漲小回

⑥ 空頭陷阱

④

股價或指數

① 打底

200MA 線
（或 20 日、
60 日等
MA 線；
週、月 MA 線
亦可）

(ii) 若是在股價上升過程中的拉回：若股價突破下
　　降 Trend line，表示股價轉強，可以布局。

(iii) 上述 (i) (ii) 二點若出現在空頭，則賣出及放空
　　（第 1 條 Major trend line 若跌破賣出 50%，放
　　空 20%；第 2 條若跌破賣出 30%，放空 30%，
　　第 3 條若跌破賣出 20%，正式轉空，放空
　　50%），在空頭市場任何反彈跌破 Trend line
　　皆賣出或放短空。

(13) 在週線中，若 6 週 MAL 走平翻揚可布局；反之
　　賣出，等放空。

(14) 在月線中，若 6 月 MAL 走平翻揚可布局；反之，

賣出兼放空。

(15) 在週、月 K 線中任何的黃金交叉要依股價位置而布局（過高等股價拉回量縮再買進；反之，在死亡交叉時，也是要依股價的位置賣出及放空。可以等反彈出現逃命線時，賣出或放空）。

(16) 柱形買賣參考：

(i) 在高檔（或 0 軸上），DIF<MACD 做賣；在 0 軸上，DIF>MACD，加碼買進；在 0 軸下，DIF<MACD 賣出兼放空；在低檔（或 0 軸下），DIF>MACD，做買。

(ii) 柱形由負轉正，可以買進，直到柱形縮小；反之柱形由正轉負，賣出，兼放短空，直到柱形縮小。

(17) 還有其他技術分析方法，皆可找標的。

操作二

一支股票有業績（基本面），有題材面，若也是一支即將到來的旺季股，則此股有關卡價壓力，這種股通常在關卡之前會來回震盪整理（貼著 5 日 MAL 上下移動），短線高手可以來回操作（在 1 條長紅 K 鎖碼量之後），採用量縮買進，量大出貨方式進行獲利，等到接近旺季前，有籌碼面出現，此時該股會以大量紅 K 站上關卡，這時短線操作結束，等該股拉回測試不破關卡價時加碼操作波段，也可以採用底部 3 點買股之方式進場鎖碼，等待較大的獲利，但還是要設停利，甚至停損（看錯資料時）→以宏正為例，小心利多出

盡時。

以宏正為例

股價在前高關卡價沿著 5 日 MAL 線震盪，之後以 B,G（突破缺口）跳空強勢突破前高（D 處有量），股價轉強，有 1、2、3 個買點：

第 1 個買點是以 B,G 突破。

第 2 個買點是突破後拉回量縮（C 處）且守在缺口及 MAL 支撐上。

第 3 個買點是突破第 1 個買點的位置，B 線是突破第 3 個買點的位置，顯示股價還有高點，之後股價漲到最高價 88.5 元。

操作三

當一檔股票在低檔或中低檔，整理相當長一段時間（1 個月、3 個月、或半年），若出現量價齊揚（有量、旱地拔蔥量、中長紅 K）時，這支股就不會寂寞，漲勢形成。

買點

❶ 價穩量縮或形成極度萎縮的成交量（B_1，不易測）。

❷ 出微量及中小紅 K，形成凹洞量（B_2，膽大）。

❸ 出現旱地拔蔥之量及中長紅 K，在盤中進場 (B_3)。

❹ 拉回量縮（B_4，洗浮額）。

❺ 突破 ❸ 之中長紅 K 時 (B_5)。

❻ 劃出上升 Trend line，跌破出場。

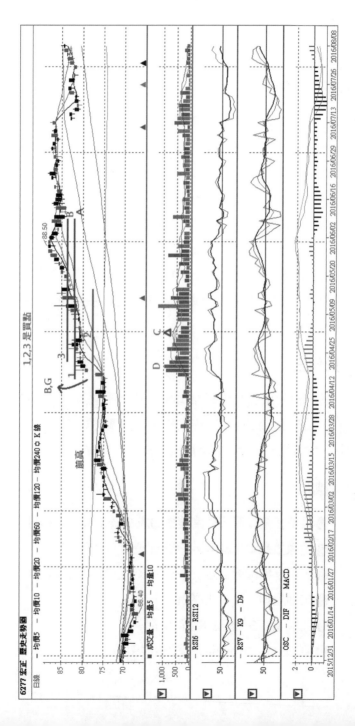

❼ 或以 5 日線為停損（a. 跌破 3 日沒站上；b.5 日線下彎）。

❽ 跌破型態 M 頭或頭肩頂之頸線或逃命線形成時，做空。

❾ 跌破第 1 條 Major trend line 小空 (20%)；第 2 條中空 (30%)；第 3 條長空 (50%)。

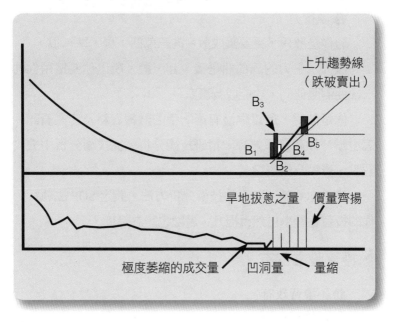

🚶 股市贏家的操作法則

　　股市投資報酬率高、風險也高，若會選有題材、有業績的股票，風險就降低，投資報酬率就會提升。要從題材面、基本面、籌碼面 及技術面去尋找「好股」。

　　投資著重觀念、心法、經驗及操作。

贏家的三個條件：

❶ 停利。

❷ 停損。

❸ 資金配置。

加上另二個必備的條件：

❶ 膽識。

❷ 執行力。

若你是散戶，更要養成散戶的三部曲：穩、準、狠。

法人、主力的三部曲是養、套、殺，所以你要擅用你的三部曲制服他們，才能成為贏家。

你是散戶，所以你沒有第一手的財報資料及產業資訊，怎麼辦？你就必須熟練、精研技術分析，從技術分析中去找買點、賣點及放空點。

建立你熟練、熟悉的技術分析方法，設定 SOP 去執行，你的投資報酬率自然會提升，風險也隨之降低。

投資股市三不

❶ 不違背政府。

❷ 不違背趨勢。

❸ 不違背基本面。

上述三不政策要遵守才會贏。

要將買股票當成娛樂，而且投入股市的資金是生活以外的閒錢。

買完股票後，你就是股東，公司就是你的，你要去精研它，當成老闆一樣的去經營它，直到你獲利賣掉它為止，如

此，你才會成為贏家。

在股市中，會買股票的是徒弟，會賣股票的是師父，會放空股票的是師公，你要成為贏家（絕對的）就要通包。

散戶，你的名字就是 Nobody（無足輕重的凡人），因此你要在股市賺錢，更需要精研技術分析，這是你唯一的活路。

若你已提升到公司高階主管（入董事會），有人脈、有人際，這時你就不須再研究技術分析，因為你有第一手的財報資訊及產業資訊，有這二大資訊，你一樣是贏家，而且是絕對。

春江水暖鴨先知，何意？

董監事、政府、法人、主力大戶、實戶、散戶，你的位置 (rank) 在哪裡？

＊若是散戶，就照操作一～操作三的說明及指示。

你若是老闆、董監事、法人、大戶、有人脈的投資者、精研技術分析的線仙等，你就會是贏家。或從效率市場的觀念中去賺錢。

重要觀念

❶ 法瑪 (Fama) 理論之半強式效率市場 (semi-strong form efficient market) 在臺灣不成立。

❷ 所以已公開之財報資訊可以取得超額利潤 （但要快），從技術分析中一樣可以獲取超額利潤。

❸ 要在每次公布財報時勤作功課，收集財務資料，並對應股價（技術日、週、月線圖），若業績成長，但股價未反映；若恰好遇見系統風險以致股價未反映，應

趁股價隨大盤拉回時逢低布局，以待獲利。

* 贏家的股市投資重點（再提醒）：

經驗（累積）→產生信心→執行力→不預設立場→
隨線型變化做調整

* 技術工具只是輔助性，可以幫助下單或抽單更有信心。

3-7 穩穩賺錢的投資標的和時機

想在股市中找到穩穩賺錢的機會，必須選對進場時機和標的。

❶ 年底作帳行情。

❷ 每年 Q2~Q3 的除權息。

❸ 低 P/E。

❹ 高殖利率股。

由於臺股的稅率高，不像之前「存股」可以大發，在這之前 10 年，若你未曾做過存股的投資者，存股的好機會從稅改後複利效果下降，可以採用下列的操作方式（除非財政部修改有利於投資存股的條件）：

❶ 可以在除權除息前，趁股價低時買進；在除權除息前，股價拉高時賣出賺差價。

❷ 操作短線強勢股賺差價。

❸ 尋找有題材有業績的好股操作波段，也是賺差價。

❹ 放空轉弱股，賣高買低，也是賺差價。

❺ 買進低 P/E、高殖利率的股票，也是賺差價。

❻ 抓住年底，或半年底的作帳行情股票，也是賺差價。

❼ 在 Q1 買進改選董監事的股票，也是賺差價。

❽ 買進季節性的股票，如：Q1、Q2、Q3 和 Q4 的強勢季節性股票，也是賺差價。

❾ 買進有題材、有產業面、有業績、籌碼面的好股，也是賺差價。

❿ 以上若是好股就布局做多，弱勢股就布局做空，都是賺差價。

綜合 ❶~❿，除非自己有第一線的題材、產業面、基本面資料外，否則你就得好好勤練「技術分析」，練好技術分析可以讓你降低投資風險，提高投資報酬率。

3-8　看盤重點和方法

在股市中想要持盈保泰、趨吉避凶，就必須學會看盤重點和操作方法，以下是綜合前面章節所述的總整理。

❶ 在股市中（其他投資市場亦同）要成為贏家，要有組合投資整合淨值的觀念：一次投資三至五支股票，以一個週期為盤點的基準，總資產有賺到合理利潤，就將整個組合賣掉（組合內的股票有賺有賠，但資產淨

值是增加的），不能用組合內個股計算法，要每支股票都賺錢；有可能是你會先賣賺的股票，賠的又捨不得停損，一直等待，或往下加碼，結果愈套愈多（因為這支股票本就不好），採用這種單股獲利的方式，結果是愈套愈多，獲利被吃掉，也減少投資其他好股的機會，因為你的資金被套住了，要贏就要將手中的資金活化變成有機會成本的概念——很重要的投資操作法。

❷ 股價漲跌不能預設立場，高檔遇前高轉折點（或區）就要停利出場，等拉回價穩量縮守住轉折點（或區）時，就可以再布局。

❸ 停損在股市中是最後手段，要學習在股市中只有停利和拉回找買點二個方法〔突破頸線壓力或突破前高轉折點後，拉回價穩量縮守住頸線或轉折點時（第2點）和之前突破頸線時的高點或突破之前轉折上漲的高點時（第3點）〕進場布局。

❹ 停損是不得已的方式，盡量在投資時減少停損動作，去尋求高檔賣、低檔接的賺錢方法（參考 ❷、❸）。

❺ 看K線和K線組合最準，但是看到賣訊的K線和組合，常常就是會犯執行力不夠的問題，不管是在高、中、低點都是一樣，這是要學習的地方，學到就贏，除了老手，大部分的人都有心魔，犯了該賣不賣，該買不買的心結。

❻ 看K線若功力不夠，回到第二道防線，可以在買股和賣股之後就畫上升和下跌趨勢線，前者跌破就賣，後

者突破就買，水平橫向整理也是一樣的操作方式，比較容易獲利，但要符合突破或跌破趨勢線有效成立的條件（可參考 4-13）。

❼ 第三個看 MAL，第四個看型態，這較複雜，之後再談，前二者買、賣點較高。

❽ 後二者買、賣點較晚，是防禦型的操作，但還是會賺。

❾ 若第一、二的方法能配合費式數目 (Fibonacci Number) 更好。FN 指的是 1、2、3、5、8、13、21、34、55、89、144 的日、週、月轉折時，股價會往上或往下走。

❿ 股市是千變萬化，買對了股要知道停利，買錯了股要知道停損，才能減少風險。

⓫ 投資看中長線，抓對趨勢和產品，獲利可期：車用電子、電動車、智慧車、車聯網（包含機車），未來國際市場龐大，單單車用電子就可從 2015 年的 30 億美元可望達到 2025 年的 1,000 億美元，其他的車用零組件更是隨電動車、智慧車、無人駕駛車而大幅受惠，車用市場的產值可達 3,800 億美元，之前已提醒過車用股是未來的明星產業，因此手中至少要有一支持股。目前加上全球暖化，減碳是全世界的趨勢，而且會更要求，最近的霾害，汽機車的汽油排放就是罪魁禍首（其他是工業排碳），想想看，全世界都在要求減碳量時（否則很快的地球上升 4 度，地球暖化，全球遭殃），未來趨勢已經很明白，汽油車會大幅減少，智慧車、電動車等會大幅增加，機車也是一樣，中國大陸這個汽機車全球最大市場，已在強制執行電動

車、電動機車的開發及使用，以減少含碳量和因含碳而造成的霧霾危害人體，並造成地球的暖化，至於其他世界各國也更積極超越；大家都要用車，車子已是日常必須的工具，這個市場非常大，連電子科技公司都轉進車用電子這塊商機龐大的領域（使用在智慧車、電動車、無人駕駛車、車聯網），因此可以多注意這塊「車」領域的相關股；產業的趨勢抓對，就不在乎股價的漲跌，因為中長期而言，它的趨勢是向上的；不要用短線看待這個產業，要有眼光和遠見。

以下是國內 105 年的個股資訊，可以從日 K 線圖看出股價走勢。

(1) AM：

東陽 (1319)

堤維西 (1522)

帝寶 (6605)

謚源 (2235)

昭輝 (1339)

萬在 (4543)

(2) 電動車 & 車用電子：

貿聯 (3665)

和大 (1536)

力旺 (3529)

健和興 (3003)

車王電 (1533)

台達電 (2308)

江申 (1525)

維熹 (3501)

敬鵬 (2355)

倉佑 (1568)

(3) 車用安全股：

為升 (2231)

劍麟 (2228)

同致 (3552)

智伸科 (4551)

六暉 (2115)

啟碁 (6285)

華晶科 (3059)

中磊 (5388)

朋程 (8255)

台半 (5425)

勝麗 (6238)

巧新 (1563)

原相 (3227)

皇田 (9951)

永新 -KY(4557)

(4) 機車零組件：

豐祥 (5288)

(5) 中國汽車零組件廠：

怡利電 (2497)

英利 (2239)

　　　廣華 (1338)

(6) 端子（連接器）：

　　胡連 (6279)

　　長盛 (3492)

(7) Tesla 概念股：

　　和大 (1536)

　　健和興 (3003)

　　貿聯 (3665)

　　巧新 (1563)

* (2)、(3) 項包含 ADAS 及 TPMS。

* 過去你手中還沒有持股，你可以再選ROE>15%
的股票（2015）：和大、胡連、勝麗、貿聯、
同致、力旺、為升。

* ESC 為 ADAS 的重要系統，可注意智伸科。

* 同致、勝麗、和大、貿聯是領頭羊，也要注意。

⓬ 若以 K 線和 K 線組合及成交量來判讀停利，會賣得
比較高。這二種方法都可用來抓股、買股、賣股和放
空，之前已提醒過。

至於其他技術分析：MAL、型態學、RSI、KD、
MACD、DMI、波浪理論、X 線、抛物線、Gann's 線、
逆時鐘曲線、寶塔線等，在其他章節再討論。

⓭ 散戶沒管道，就用技術面盯住題材面、基本面和籌碼
面。

⓮ 會漲的股（有題材面，有基本面和籌碼面）就會表現
在技術面上。

⑮ 先運用提示過的二個方法去選股、買股、賣股和放空，
至少風險會降低。

⑯ 在盤中的操作方法（參閱 3-11 之解說）：

(1) 急漲賣出。

(2) 急跌買進。

(3) 緩漲買進。

(4) 緩跌賣出。

看盤操作要點（超重要）

❶ 第一種走小 N 型或大 N 型的股票是多頭走勢，值得
續抱。

❷ 第二種是走潛伏底和圓型底的股票，也是多頭走勢。

❸ 第三種是走 45 度附近角度拉回整理，形成下降趨勢，
但容易在拉回 0.382 位置時，被股價突破的股票，也
是多頭走勢。

❹ 第四種是股價漲多拉回整理，但在月線 (20 日 MAL)
做強勢整理的股票是多頭走勢。

❺ 第五種是股價拉回整理，但在季線 (60 日或 65 日
MAL) 整理完再攻的股票，也是多頭走勢。

  ＊ 上述的月線、季線是仍在上揚中。若顛倒過來就
是 空頭走勢，是放空時機。

❻ 長線操作的意涵是在合理價位進場買進，和存股不一
樣。

❼ 有高 ROE，才有高 P/E、高 P/B，因為這些企業都有
高營收、高獲利，就會照顧股東，看高 ROE 就知道，

所以會有高股價。上列的公司治理績優股就是此例。

❽ 如果你手中的投資組合中有高 ROE 的股票，持之以長，獲利必可觀，但要有耐心，另外可留些資金操作波段和短線。

❾ 跌時重質，買對股才是重要。

❿ 如果不善於做空，就要「精於」做多、波段和長線，這樣才能持盈保泰或賺更多。

⓫ 股價拉回量縮不破停損點可續抱，往上反彈遇線壓可分批停利。

⓬ 在股價拉回整理時，可以逢低進場布局好股：

(1) 很多好股被錯殺，P/E 偏低（10 附近或 10 倍以下）。

(2) P/B 也偏低，大約 1.4。

(3) 融資餘額創新低水位。

因此好股有機會進行較大的反彈，讓好股的股價回到合理的價位，目前真的是應驗了「當你在市場愈害怕時，市場已進入扭轉向上的契機；反之，當你在市場愈高興時，市場已進入扭轉向下的轉捩點」，一般投資散戶常克服不了這種反市場心理，而在股市成為輸家，也應驗了停利、停損、資金配置的重要，會執行停利、停損的投資者，才會有好的資金配置，現在有足夠資金者，就是贏家。存股投資者也是一樣，要有足夠好的資金配置觀念，才能成為贏家，如果你會規劃資金配置，現在手中應該有足夠的現金，會在反彈過程中成為贏家。

依過去 10 年臺灣股市融資餘額的資料顯示，當融資餘額

降到新低後 20 日的平均報酬率是 2.16%，60 日是 7.61%，90
日是 8.67%，120 日是 12.83%，240 日是 23.2%，可見臺股在
融資餘額創新低後上漲的機率很高。而且臺股的 P/E 和 P/B
都很低，這是個機會。

⓭ 當你都看到壞消息而股價不跌時（利空不跌），就是
市場反彈時。

⓮ 臺股若受國內外因素影響而下跌，可以操作的方式就
是：

(1) 搶短線來回操作。

(2) 多空操作：逢低買進，反彈到壓力賣出，反手放
空。

(3) 留下資金，暫時觀望，等底部真正浮現再進場。

(4) 很多好股都超跌，中長線投資價值浮現，可以買
進 P/E<10 倍的股票布局。

⓯ 搶短，不要買進跌破前波低點的股票。

⓰ 若股價因系統風險大跌，國安基金進場時，臺股有可
能開低走高，權值股優先考慮，穩住後，中小型股才
有機會反彈。

⓱ 若股市在最利空時，往下買進價值型、超跌、業績好
的股票是對的。

⓲ 至於放空是在跌破停損或反彈不上停損點時，但要設
停損，風險低，會賺。

⓳ 無論如何，在股市中都要嚴守停利、停損和資金配置。

⓴ 如果對這些題材面、基本面、籌碼面的資料不熟，不
知如何取得，你可以嘗試從技術面的線圖、指標去取

得這些資訊，因為任何題材面、基本面、籌碼面的好壞都會表現在技術分析中的指標和線圖中，你就可以知道何時該買進，何時該賣出，何時該放空，何時該停利，何時該停損，最重要的還是要懂得做好資金配置，才能成為贏家。

㉑ 10 年線的支撐強，過去幾次都是拉回到 10 年線就強力反彈：過去 10 年線（MAL）的資料如下：

101/11/30

101/10/30

101/7/31

101/6/29

100/12/30

＊重要的是拉回時，10 年線都要上揚，才有反彈能力。

㉒ 在股市或投資市場中要有狼性，抓住機會就不能放，就像狼一樣，每次都瞄準目標，絕不放棄，因此在證券市場中不須預設立場，也不用做預測，要隨時用手中的工具見招拆招，獲利是第一目標，因此要做牆頭草，隨時轉換手中對己有利的持股，重要的是我要獲利，小確幸、大獲利都可以，只要不浪費手中資金的機會成本，就是贏家；所以要成為贏家，絕對要遵守**停損、停利和資金配置**的三大招，加上懂得**短線、波段、放空和存股**的操作，就能得心應手，其中尤其資金配置最重要，在底部要擁有大部位的資金，隨時抓住機會進場獲利，在高檔要懂得將股票獲利換回現金（停利、停損要嚴格遵守），這是贏的策略；至於存

股的投資方式更要遵守 SOP。總之，手中資金要靈活運用，手中永遠要擁有可用的資金部位。

㉓ 只要有題材，就會有基本面，有基本面就會有籌碼面，有籌碼面，技術線型就會轉好，這種股票值得注意；任何再好的股票也都會拉回整理，但是好的股票就是值得關注，因為它有價差可賺，但前提是漲多要懂得停利，跌破停損點要懂得停損，拉回手中一定要有資金可進場買便宜貨，這就是說要做好資金配置，手中隨時都要有資金，只是看自己怎麼配置。

㉔ 在現今波動大的股市裡，不能只看 EPS、ROE、P/E，最重要的是要看一家公司是否有足夠現金流量，有足夠現金流量的公司才是王道，當然其他數據也不錯就更好，所以選股很重要。

㉕ 股票不會永遠漲，也不會永遠跌，在股市中要永遠逆向思考，漲多時就要設法停利，跌多了就要布局，但要布局的不是爛股，而是超跌有題材的績優股；外資是採用程式交易，往上突破關卡價（有題材有業績），在往上漲時一直買，跌破關卡價（沒題材沒業績），在往下跌時一直賣，所以要警覺；散戶不敢追逐強勢股（敢買，就要看技術面），想要往下攤平買股票，就要買績優超跌股，所以要做好資金配置，而且這種往下買的方式是要用比例增加的買法才會有效，當大家在害怕驚恐時就要注意布局時機，在大家興高采烈時就要找停利點出場。

㉖ 生技股是政策受惠股，也是中長線，聖嬰年的冬季很

冷，愈冷生技愈強，第三、四季本來就是生技的天下，未來會夯的股票就在生技股，看臺灣的人口結構就知道（銀髮族愈來愈多），而且不受景氣影響，總而言之，生技股一定要布局，尤其是有題材有業績的生技股，包含：新藥、醫材、醫美、原料藥、健康食品等股票。

㉗ 在股市大幅拉回，就是要買價值型的股票，這種股票有題材，但隨大盤下跌而跟著下挫，已經跌得超過公司應有的內在價值，另一種就是要布局有未來性的股票。

㉘ 要會選股是現階段必做的工作，選好股就是選好公司，要選好公司就要看公司的內在價值，這個內在價值就是資本報酬率和正的現金流量，而且這二項指標要穩定成長；其他 P/E、P/B、殖利率、ROE、PEG 等也都可以拿來做衡量內在價值的另一種指標。

* 當然，敢放空也是操作方法之一，只要對自己有利都可做。

㉙ 要找會漲的股票，除了看營業收益率、EPS 外，最重要的一項就是要看現金流量，而且現金流量一定要正的。

㉚ 將手中持股汰弱換強，或買進拉回已整理快完成的低基期有題材的股票，才能進可攻、退可守。

㉛ 當量價關係在高檔出現股價不再漲時（量價背離），要設法停利出場，沒有永遠漲的股票。

㉜ 金管會正大力推行上市櫃公司的公司治理評鑑

（CSR），通過公司治理評鑑的公司，才有可能永續經營，買這類公司的股票，風險就降低，投資報酬率反而會增加，若買了就不要做短線，隨時在合理價位再買進，就放著，至少 5 年以上，5 年或之後，你會發現有一筆比做短線獲利還更多的錢在你身邊；至於波段操作再另述，波段操作當然會賺多，但要會選題材、基本面、籌碼面和技術面，才能賺多。

㉝ 跌破停損可以放空，或在反彈（量少）不過停損點可以放空，但還是要設停損點。

㉞ 還有一種就是不願執行停損，股價跌破停損後拉回到支撐區，這時候要再布局買進，就可以解套，前提是要有資金回補，不要在高檔將資金用光。

㉟ 常有突發性的變數讓股價下挫，但殺錯，這種股之後就會彈上來，若有資金在低價承接，不但不被套，還會賺回來。

㊱ 若是上班族，可以採用另一方法保護你的持股：從週、月線去畫上升趨勢線，跌破就停損，但最好買在第三次股價拉回在趨勢線時，且量要縮，這時候進場價位較低，或者買在股價突破下跌趨勢線時，有紅 K，鎖碼量出現時，而且 6 月、6 週 MAL 線已經走平準備上揚，至於日線也一樣，但是要中、短天期的 MAL 走平上揚，其他條件一樣，之後就採用畫上升趨勢線方式去操作，跌破就停損，但日線要常觀看，所以較辛苦，但要賺錢是值得的，否則就採用週、月線去操作。

㊲ 股價拉回 5~9 波，開始打底，等出現紅 K、鎖碼量、正背離、短、中 MAL 線走平準備翻揚，就是好買點，接著等上漲後畫上升趨勢線，跌破就停損，要放短空也可以。

㊳ 上述方法實際上有 3 個買點：突破 1 個，拉回量縮測試頸線 1 個，再突破第 1 條紅 K 的高點是第 3 個買點，買了後就畫上升趨勢線，跌破就停損，放個空，但要設停損。

㊴ 臺灣股市是屬於 Fama 所說的無效率市場，所以技術面、基本面、題材面、公開資訊和內幕消息，都會反映股價的超額利潤；因此可以將這些工具應用在短線和波段上，至於長線存股就要會精於選績優且每年都有穩定以上配股配息 (高股息) 的好公司；另外在股市中還要懂得多空雙做，尤其在多頭市場要賺，空頭市場更要賺；放空股票適用於短線，亦適用於波段；就好像多頭買進或加碼適用於短線和波段一樣，只要嚴守停利、停損與多空，都可以雙贏，所以不能只適應多頭操作，當市場由多轉空時，你就是要執行空單，但要設好風險比率，如此，你就會輕鬆的贏，並減少風險損失；總之，到最後就是要懂得採用多空操作，若這種心態能夠熟成，你就會雙贏，這是指短線和波段操作；至於長線存股的操作只適用於做多，它是利用複利和時間幫你賺取另一桶意想不到的財富。

3-9　如何從除息除權中賺錢

　　股票的配息也是賺錢的管道之一，如何從每年的除息除權中賺錢，長短線挑選標的與操作的手法有別，以下提供參考。

❶ 養股或存股：

　　殖利率 ≧ 4%

　　配息率 ≧ EPS 50%

　　ROE ≧ 15%

　　負債比 <50%

　　每年 EPS 穩定成長（至少 5 年）

　　殖利率 <4% 賣出

　　殖利率 >8% 再買進

　　8% ≧殖利率≧ 4% 續抱

❷ 短線獲利（中、長就做存股）：

　　填息 1/2 以上，先賣母股，若能填完，有價差再賣出更好。

　　還有有題材、有基本面、有籌碼的股票，除權、息前若股價已漲一波，則不參加除權息。反之，未漲，可參加除權息。

　　若是少量配股、大量配息者，此股又是好股，可在填息 2/3 時，賣出母股，若都是配股者，且股本小，又是好股，也可以在配股率≧ 1/2 時先賣出。

3-10　須知道的股市名言及心法——贏錢之道

🏃 賺錢股市名言

* 漲時重勢

　跌時重質

* 高檔：盤久必跌

　低檔：盤久必漲

* 量大非頭

　量低非底

* 利多不漲，股價回檔

　利空不跌，股價反彈

* 急跌買進

　緩跌賣出

　急漲賣出

　緩漲買進

* 要嚴守停利、停損、嚴格執行

* 要做好資金配

* 量比價先行

* 價量齊揚

* 有量才有價

* 價漲量增，股價有機會再漲

* 價跌量縮，股價還有低點

＊價漲量縮，是惜售還是要反轉，要觀察

＊股價拉回，若價穩量縮，就可以大膽布局

＊價平量增，可做多

＊價漲量增，可加碼

＊價增量平，觀望

＊價增量縮，買盤縮手，觀望，可分批出貨

＊價平量縮，賣出並做空

＊價跌量縮，加空

＊價跌量平，觀望，等待

＊價跌量增，酌量做多

賺錢股市心法（多空皆可）

❶ 利多不漲、利空不跌。

利多不漲：要停利出場，或賣出股票，也可以放空，但要設 6% 的停損點。

利空不跌：可進場買股票做多。

❷ 漲時重勢、跌時重質。

漲時重勢：隨著大盤和股價上漲順勢操作，不預設立場，直到上漲之勢轉弱，再停利出場。

跌勢重質：股價拉回重本質或股票的內在價值，有題材有基本面的股票拉回整理完會再攻，因此要重 P/E、獲利和題材。

❸ 急漲賣出、緩漲買進、急跌買進、緩跌賣出。

盤中急漲，有可能拉高出貨，量不夠紮實，所以要賣出。

緩漲有量有支撐，股價穩健上漲，可進場買進。

急跌賣壓小，往後反彈機會高，可買進。

❹ 高檔盤久必跌、低檔盤久必漲。

股價在高檔整理愈久，股價高，若不上攻，套牢賣壓會愈大；若不即時上攻，買盤不耐久，股價容易反轉而下，除非有即時的利多出現，如：題材面、基本面、產業面等的利多出現，股價才易上攻。

股價在低檔整理，因股價已拉回合理價位，浮額也洗掉，股價穩定性高，只要有題材面、基本面、產業面的利多，很容易就出量上攻。

❺ Buffett 的投資守則：

(1) 不能賠錢。

(2) 不能違背第 (1) 點。

進入股市就是要賺錢，因此要精於選股，認真研究個股的題材面、基本面、產業面、籌碼面和技術面，有膽識、有耐心、有執行力，就可以做到 Buffett 所說的要「賺錢」的名言。

❻ 在股市中不要預設立場，也不要單戀一枝花。

在股市中要隨勢操作，看圖變化做決定，是買、是賣、是放空，或停利、停損，都依圖和指標變化進出，才容易賺錢。

手中的持股若已勢弱，不再上漲，或放空不再下跌，就要當機立斷出場觀望或換股，不能持股不變，如此才不會賠錢。

❼ 會買股票是徒弟，會賣股票是師父，會放空則是師公。

在股市中做多的人多過做空的人，這種屬於反向思考的操作的確不容易，而且放錯空，還會被軋空，因此會放空賺錢的人是強者。

至於會賣股停利的人，只要不貪心，或懂得停利點，就可以穩健的獲利，只是心魔難度，所以會賣股列入師父級。

在股市中會買股的人很多，只要抓住題材面、產業面、基本面、籌碼面和技術面就可以抓住進場時機而獲利，尤其是技術面出現的買點要抓住，因此會買股票的人只列在徒弟級。

❽ 會停利、會停損、也懂得資金配置。

在股市難免會有閃失而買錯股、放錯空、賣錯股，因此要成為贏家，一定要懂得何時停利、何時停損、何時做好資金配置，尤其是好股被錯殺時，在拉回時要有資金再買進，這樣才能彌補損失再賺回來，相關內容請參考第 5 章。

❾ 當市場樂觀時，你要謹慎，當市場悲觀時，你要貪婪。

這是 Buffett 的名言，要懂得危機入市，要懂逢高停利出場。

❿ 在股市中沒有專家，只有贏家與輸家。

的確，專家不一定是贏家，贏家可以說是專家，在股市中贏者為王。

⓫ 空頭不退、漲勢不止。

空頭不退，就容易軋空拉抬股價，所以股價會漲，可以操作短多。

⑫ 融資退場，股價（指數）止跌。

融資減少，浮額就減少，籌碼落入法人、主力手中，股價不再跌，有機會醞釀上漲。

⑬ 高檔爆融資，股價（指數）必拉回。

股價在高檔若資增，浮額增多，籌碼在散戶手中會零散，股價不易上攻。

⑭ 股價（拉回）價穩量增，股價底部確立，準備起漲。

股價拉回整理，價穩量縮股價打底，底部浮現，此時融資大減，浮額減少，只要等價穩量增，股價就會上攻，應該進場布局。

⑮ 股價拉回，價穩量縮，股價（指數）止跌。

股價拉回打底，等價穩量縮，浮額減少，股價底部就浮現，此時也是布局時機。

⑯ 股價（指數）在高檔，價穩量縮，持股觀望之。

股價在高檔時若價穩量縮，要小心價量背離，若能補量上攻，危機就解除。

⑰ 股價（指數）在高檔，價跌量增，持股出脫。

股價在高檔價跌量增，顯示有主力或法人在出貨，將籌碼轉給散戶，若此時融資增加就是此種現象，要小心股價再跌，持股可以先停利出場。

⑱ 股價（指數）在高檔，價量背離（負），股價拉回。

股價在高檔若無法量價同步，當價增量縮時要小心法人，主力無心拉抬股價，股價容易反轉下跌，手中持股可以先停利出場，若是二度背離更要賣出持股。

⑲ 股價（指數）在低檔，價量背離（正），股價反彈。

股價在低檔和成交量形成正背離，因為有買盤進場，
股價會反彈，可進場布局。

⑳ 股價（指數）上漲過程中，價量齊揚，股價還有高點。
股價在上漲中價量齊揚，在有量才有價的情勢下，股
價還有高點，可擇機買進。

㉑ 多頭：漲時看支撐，不看壓力。
空頭：跌時看壓力，不看支撐。
在多頭市場，上檔沒壓力，股價會頻創新高，但股價
漲多也需要拉回整理，因此拉回的支撐變成股價再上
漲的抗跌區，在支撐區或支撐點整理完後還會再攻，
再挑戰前高，甚至再創新高，所以多頭市場看支撐不
看壓力。
在空頭市場，上檔有壓力，股價會頻創新低，但股價
跌多也會反彈，因此反彈的高點變成股價再上漲的抗
漲區，在股價碰觸壓力區或壓力點後，股價會再下跌，
甚至再創新低，所以空頭市場看壓力不看支撐。

㉒ 股價下跌過程中，價跌量增，股價還有低點。
股價在下跌時，若量增，顯示有人在提供籌碼，浮額
混亂，此時若融資仍多，股價會再下跌，甚至創新低。

㉓ 上漲：量大非頭。下跌：量大也非底。
成交量大時，顯示有主力大戶在進場，若法人、大戶
被套牢，也會拉一波再出場，所以量大不一定是頭，
尤其量大的 K 線（轉折點）若是紅 K，股價拉回整理
完會再挑戰前高，甚至創新高，若轉折是黑 K，再挑
戰的時間會延長，所以拉回整理時可擇機布局。

在底部若是量大，顯示有法人、主力進場拉抬，散戶怕跌，所以底部有量不是散戶所為，所以可以進場布局。

㉔ 下跌：量縮是底。上漲：量縮可能是頭。

股價在底部打底時，融資會大幅減少，浮額也被洗掉，所以成交量會大幅縮減，因為籌碼乾淨落入法人、大戶手中，股價不再跌，底部就浮現。

股價在高檔量若縮，股價就不易上漲，因為有量才有價，量比價先行，所以量縮就要謹慎，持股要注意出場時機，尤其又出現賣訊的 K 線（黑 K，地雷線，十字線等）時更要謹慎。

㉕ 多頭或空頭市場要注意下列操作的重點：

＊ 多頭市場 (Bull Market) 重支撐，不重壓力。

空頭市場 (Bear Market) 重壓力，不重支撐。

所以，Bull Market 停利重於停損；Bear Market 停損重於停利。

，除了停損、停利，在股市（投資市場）要學會放空及資金配置。

，再提醒：

在商品市場投資，執行力要強，要嚴格執行：停利、停損、買進、出場或放空，一定要做到穩、準、狠。

，Buffett 最在意一家企業的二個數字：(1) ROE；(2) 現金流量 (cash flow)。

㉖ 「買股票」往人少的地方去？ → 賺錢的方法

往人少的地方去的涵義是會漲的股票都是小型績優

股，股本小，只要有題材有基本面，股價就會一飛沖
天，這類股票大都藏在興櫃和OTC的部分績優股中。
㉗再提醒下列的操作，若能熟練，在股市中更容易成為
贏家。

* 要嚴守停利、停損、嚴格執行。
* 要做好資金配置。
* 量比價先行。
* 價量齊揚。
* 有量才有價。
* 價漲量增，股價有機會再漲。
* 價跌量縮，股價還有低點。
* 價漲量縮，是惜售，還是要反轉，要觀察。
* 股價拉回，若價穩量縮，就可以大膽布局。
* 價平量增，可做多。
* 價漲量增，可加碼。
* 價增量平，觀望。
* 價增量縮，買盤縮手，觀望，可分批出貨。
* 價平量縮，賣出並做空。
* 價跌量縮，加空。
* 價跌量平，觀望，等待。
* 價跌量增，酌量做多。

3-11 如何在股市中買進強勢股

強勢股的選擇可從題材面、基本面、技術面等去挑選，茲分述如下。

題材面

具創新的價值股，如：台積電、大立光、儒鴻、微星、雙鴻、眾達、同致、為升、廣越、倉和等具有技術性上的創新價值。

基本面

① P/B（1~2 倍）。

② 股東權益／淨值（愈低愈好）。

技術面

旱地拔蔥長紅 K 帶量突破時的 3 個買點（請參考 5-2）。或如下文章的說明：

① 105/10/1，週六：

最常用的強勢股圖型通常有 3 個買點，最安全的是第 2 和第 3 的買點，第 1 個買點是突破頸線時，是法人、主力進貨區，除非你能買在低點，否則這個點讓你買了會很煎熬，因為你會買在較高位置。第 2 個點是拉回測試支撐的點，按理，這個點安全性高，買進成本

較低（遠低於第 1 個買點），但就是很怕假跌破，讓散戶不敢進去買（法人也會耍詐，為了要清洗浮額，若這支股浮額少，法人會測試支撐完後就拉抬股價），所以說在買強勢股時，第 3 點最棒，是穩贏點，只是成本稍高，通常這是第 3 波的起漲波，但筆者最近又發現更低的買點，那是還沒突破頸線之前的買點（第 0 點），這個買點還沒成熟，但可以從 K 線和籌碼知道有法人、主力想拉抬這支股票，有點風險但值得布局，放 20% 的資金試盤，是不錯的選擇，因為它的價位低，離停損點近，買錯損失只有一點點，但買對因成本低卻賺多；事實上找到了這種強勢起漲股或強勢股，可以分批布局；若習慣放空者，這 4 個點是放空點，可以大賺的是第 3 點，若和做多一樣也可以分批放空，和做多一樣都可布局 50%，當然一次布局在第 3 點 100% 更好，這種習慣因人而異，但都會賺錢。

「存股」不在此限，操作方法也不同。

❷ 105/10/3，週一：

扣除「存股」，投資有三種操作手法：

(1) 買股。

(2) 賣股。

(3) 放空。

真的要從股市賺錢，你要從第一步開始「選對股」，事實上，也是有點難度，不過，我已經幫各位找出 4 個買點 0 點，起漲，成本較低，但要仔細評估，所以它有風險，所以它的下方有停損點，很接近，就是買錯停損也賠少，但買對

了，投資報酬率很高，是 4 點之最。

買點 1，風險次之，成本略高，但投資報酬率較 0 點穩定，這個位置通常是在突破頸線時。

買點 2，換手測試頸線，有時會出現假跌破，出現真跌破的機率小，成本在買點 0 和買點 1 之間，這個點成本不高，很適合散戶進場布局，但並不是說，買點 0 和買點 1 你不能買，只要你膽大心細，就可以買，資金多的投資者可將資金做配置買進。

買點 3，最棒的買點，最穩最安心的買點，如「美律」，是穩賺的買點，但也會失敗，但機率小，問題在你找不找得到這個買點 3，買點 3 的成本較高，所以才說你要準備母金 100 萬或以上，獲利才會很明顯，至於買點 0、1、2、3 也可以比例布局。

說了半天，告訴各位如何找買點之道，在此無法用圖示告知，因為有各種型態的 0、1、2、3 點，所以你就要增加「膽識」和「執行力」，不然，好不容易找到「美律」的第 3 個買點，這種買點 3 要遇到，還真要認真找。

❸ 請參考 105/10/3 臺股日線圖：

之前有不少股票都出現買點 3，如：精測、智伸科、凡甲、超眾、雙鴻、祥碩、台郡、新至陞、欣銓、神基、寶雅、信驊、璟德、大江、億豐、同致等，只是當初沒像現在這麼仔細說明，你會發現股票只要不跌破停損，一定會反覆出現在群組內，所以你們就要自己去仔細研究這 4 個買點。

如果因為不敢確定這些買點（當然，有時會失敗，所

以才會設停損點，這是散戶的法寶，不要怕它，你反而要去擁抱它），所以要反覆測試它們的可信度。

至於：賣股（停利賣高）、放空（空頭來時好賺，照樣賺它），這二個方法以後再詳細告知。

❹ 可參考 105/10/3 臺股日線圖：

當時可特別注意的股票：

信驊（第 2 點）、岳豐（第 0 點）、網家（已進入第 3 點）、神基（第 0 點）、牧德（第 1 點）、群電（第 1 點）、億豐（第 1 點）、致新（第 1 點）、璟德（第 1 點）、淘帝（第 0 點）、啟碁（第 0 點）、六暉（第 0 點）、力成（又來到第 0 點）、廣明（第 0 點）、台郡（短線注意停利）、倉佑（第 1 點）、智擎（第 0 點）。

股票雖多，但潛力股還滿多的。其中有的已漲多，請設好停利。或是漲多股（有前壓或漲得辛苦，K 線已經不漂亮），請設好停利。

多頭買點有 4 個，空頭放空也有 4 個，都要擅於利用，都會賺錢。跌破停損點的股票則轉入空頭進行放空。

❺ 參考 105/10/5 臺股日線圖：

當時值得注意的股票，如：

欣銓 (0~1)、雙鴻 (1)、台半 (1)、胡連 (3)、大地 (1)、鴻準 (2)、新至陞 (0)、智易 (0)、新麥 (0~1)、鴻碩 (0~1)、基勝 (0~1)、奇力新 (2)、致茂 (0~1)、智伸科 (0)、微星 (0~1)、美律 (2)、精華 (未成形)、寶雅 (0~1)、研華 (2)、德麥 (0)、祥碩 (2)、東陽 (2)、廣明 (0~1)、倉

佑(2)、牧德(3)、群電(3)、信驊(2)、億豐(2)、神基(2)、
智擎(2)、璟德(2)、淘帝(1)、力成(0~1)、網家(3)、
百和(2)。

❻ 前文提過投資者的人格特質分類如下：

* 積極型：適合買的 1 和買點 3
* 理性型：適合買點 2
* 保守型：適合買點 0

如果你是理性型，參考 105/10/5 臺股日線圖，就應該
買進百和：

最低：113

最高：122.5

價差：9,500。

10/6 還有機會，沒買者只能在拉回時再布局。

10/5 提示各位買「美律」、「雙鴻」是買點 2，所以
你是理性的投資者。

若你是買「智伸科」、「新至陞」則是屬於買點 0，
那你就是保守的投資者。

10/6「百和」拉回買進是屬於買點 2，你就是理性投
資者。

註：第 1、2、3 點之前已圖示過，至於 0 點是股價未突破頸線、
位置在頸線之下的買點，可透過突破下跌趨勢線（紅 K），
出現買訊的 K 線及 K 線組合和翻揚的 MAL 找到。

🕴 操作策略總整理

多頭股票的走勢：

* 第一種走小 N 型或大 N 型的股票是多頭走勢，值得續抱。

* 第二種是走潛伏底和圓型底的股票，也是多頭走勢。

* 第三種是走 45 度附近角度拉回整理，形成下降趨勢，但容易在拉回 0.382 位置時，被股價突破的股票，也是多頭走勢。

* 第四種是股價漲多拉回整理，但在月線做強勢整理的股票是多頭走勢。

* 第五種是股價拉回整理，但在季線整理完再攻的股票，也是多頭走勢。

* 上述的月線，季線是仍在上揚中。

* 若顛倒過來就是空頭走勢，是放空時機。

* 長線操作的意涵是在合理價位進場買進，和存股不一樣。

* 有高 ROE，才有高 P/E、高 P/B，因為這些企業都有高營收、高獲利，會照顧股東，擁有高 ROE，所以會有高股價。

* 如果你手中的投資組合中有高 ROE 的股票，持之以長，獲利必可觀，但要有耐心，另外可留些資金操作波段和短線。

* 低基期股票怎麼買？當整理過程中出現「帶量的長紅 K」就是買點的開始，有 3 個買點：1. 突破整理時；

2. 拉回量縮測試支撐時；3. 突破 1. 中的高點時，買進鎖住等獲利，各以 20%、30%、50% 買進，也可以採用 1、2、3 張的買法。

* 高基期強勢股怎麼買？在拉回量縮時布局，等著獲利，這類股票是強勢，所以要盯著看，跌破上升趨勢線，就要停利。

操作觀點

當你在那 3 點買進股票後（沒 3 點，2 點也可以，30%、70% 配置資金），就開始從底部向上畫出上升趨勢線，等跌破就先停利 50%，跌破第 2 條就全數停利出場，若你敢放空，這時也可以大膽放空，來回可賺，這是短線操作，上述的趨勢線稱為 Minor trend line；若你是想操作中長線，就畫出 Major trend line，操作方式同前，但最好找 45 度角的趨勢線獲利較高，至於 Minor 角度通常都較高，會在 45 度之上，若你買了之後畫出的角度小於 45 度，甚至只有 30 度，這支股的獲利不會高，可以換股操作，但這支股還是要獲利，就像 Buffett 說的：投資的第一個目的就是獲利，第二個目的也是獲利，第三個目的是不能違背前二個目的，就是要賺。因此投資有方法、有 SOP，但也要學會穩、準、狠的功夫才會是贏家，最後再提醒：選股很重要，再來就是設好停利，資金配置，萬一真的選錯爛股，一定要停損，停損點要選在跌破頸線或支撐點的位置，不要跌深再賣。

強勢股都是走上 N 形走勢，這種強勢股就是回升股，每每創新高。

至於低基期股走的是反彈型,所以需要突破之前的整理平臺才能逐步上攻,所以要有量,但這種股買對還是賺。

你會發現強勢股幾乎都是中高價股,獲利空間大;低基期股大都是低價股,獲利空間小,但前者風險高,所以要設好停利,後者則風險低,需要逐步檢驗基本面,但也是要設好停利。

(1) 穩:買得對,買得低(也不是最低,是相對低點,就是 1、2、3 的買點);

(2) 準:放得對,放得恰好(依上升趨勢線或其他線型或指標);

(3) 狠:賣得對,賣在相對高點(不是最高點,最高點不是散戶賣的,是畫線的主力、法人在賣的,散戶賣在相對高點就是贏)。

穩、準、狠,是散戶操作的必勝三部曲,熟練它們,你就會是贏家。

養、套、殺,是法人主力必勝(也可以說是坑殺散戶)的三部曲,你要熟悉它們,並加上穩、準、狠才能在投資市場成為永遠的贏家,若只懂穩、準、狠還是會贏,但懂得對抗養、套、殺三部曲,你會贏更多。

🚶 股票上漲型態

❶ 沿著 5 日線上漲,走 45 度,沒噴出也沒乖離,這種股票走得長遠,屬中長線型。

❷ 股價走階梯式上漲,每漲一段,就等均線再匯集,之後再攻,屬於第二種強勢股。

❸ 股價走 BOX 整理，之後再突破 BOX 上緣壓力上攻，
進入另個 BOX，股價不斷向上挑戰，屬於第三種強勢
股。

❹ 股價拉回整理走上 N 形，股價會挑戰前高，常會形成
關前震盪、突破，關後拉回測試頸線的走勢，測試成
功後再繼續挑戰高點，屬於第四種強勢股。

❺ 股價拉回整理一段時間，等整理完後會出現股價突破
下跌趨勢線的買進訊號，屬於第五種反彈上漲的股票
走勢。

❻ 股價大幅拉回走完 5 波段，等整理完且 MAL 走緩後，
股價會突破底部上攻，屬於第六種反彈上漲的股票。
所有股價上漲都要洗浮額，法人布局，出現攻擊訊號
（符合上漲的三個條件）等步驟然後，股價才會上攻，
進行多頭行情。

❼ 股價走急漲，呈 63 度或以上，這種股票來得快也去
得快，是強勢短線股，見好就收。

買進時機

❶ 洗完浮額，法人進場布局時。

❷ 法人布局需要時間，所以要有耐心。

❸ 另個買點，就是我常提及的 3 個買點，第 2、3 個買
點最棒。

就像 105/10/7 的「欣技」（請參考臺股日線圖），法人
在吃完貨洗完浮額後，才大幅拉抬收漲停。

所以之前一直提示各位會補缺口，整理完會漲，每天都

提示，30 是最早的買點，以週五填完息再拉漲停，一支賺
4,150，若以融資 12,000 計算，投資報酬率 34.58%，買二支
以上投報率不變，但總報酬金額會以倍數以上增加，這支是
第二次整合淨值組合股之一（整合淨值組合請參考後節說
明），說了半天就是要告訴各位，另二支康聯（買 47.5，外
資布局）、智伸科（買 117，國內法人布局）也值得持續注
意，除非跌破停損點。

3-12　空頭市場的判別

空頭市場的判別指標

主要有以下三種：

❶ P < 6 月均量 < 12 月均量，且 6 月、12 月 MAL 向下
　彎（交叉）。

❷ P 跌破 3 條上升趨勢線。

❸ a、b、c 波跌破第 4 波的低點（起漲點）。

Chapter 4
技術分析的觀念與探討

4-1　量價關係之研究

在股市中要成為贏家，一定要熟悉量價關係，相關資訊如下所示：

❶ 價量關係：
　(1)　價漲量增。(2)　價漲量減。
　(3)　價跌量跌。(4)　價跌量增。
　　　→ (1)、(3)：股價看漲。
　　　→ (2)、(4)：股價看跌。

❷ 從下列價量關係的說明中去找買點：
　選股：股價拉回到價穩量縮時，就準備布局。

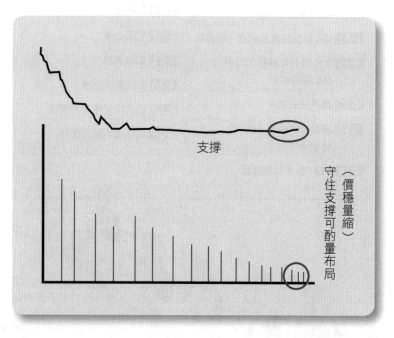

支撐

（價穩量縮）
守住支撐可酌量布局

價穩量增⓪，可加碼

價漲量增①，大幅加碼

價跌量縮守住支撐（旱地拔蔥後之價量）②

價漲突破①之高點，量同步增加，再布局③

❸ 再談價量關係

再探討正背離的反彈，將反彈的過程細分如下圖，但有些反彈不會劃分這麼細，但可以當成反彈走勢的過程來瞭解。

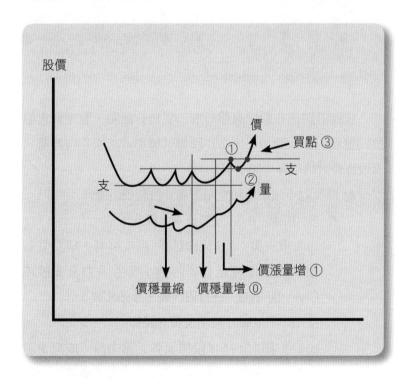

量價：二次背離

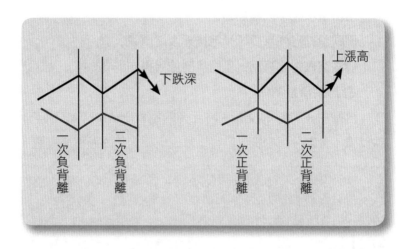

當量價關係在股價高檔形成二次負背離時，股價會大幅
拉回整理（如上圖）；反之在股價低檔形成二次正背離時，
股價也會大幅反彈（如上圖）。

❹ 再探討多頭市場和空頭市場量價關係之操作：

* 多頭市場 (Bull) 股價拉回之操作：

Bull 重支撐：所以股價拉回到支撐時，成交量若
縮減或急縮時是布局時機（參考阻力及支撐或
Granville Rule）→有假跌破（多頭陷阱）。

* 空頭市場 (Bear) 股價反彈之操作：

Bear 重壓力：所以股價反彈到壓力時，成交量若
縮減或急縮時，是出場或放空時機（參考阻力及
支撐，或 Granville rule）→有假突破（空頭陷阱）。

4-2 逆時鐘曲線操作法

運用均量和均價形成的逆時鐘曲線圖也可以用來找尋買賣點，逆時鐘曲線圖形成的過程如下所示：

❶ 先從如何單一量價關係的選股開始說明：

如何選股：補充採用單一成交量所構成的量價關係去做「買」及「賣」的動作。

＊ 可以採用下列方法補足：

日成交量 >5 日均量 >10 日均量（買）；反之賣，或採用均價和均量構成的。

「逆時鐘曲線」圖去找「買」及「賣」，操作更細緻。

＊ 週期要自訂：還有其他方法可找「買」及「賣」，甚至「停損」、「停利」及「放空」。

❷ 逆時鐘曲線圖如下圖所示，買賣點共有 8 個方位，從下方橫軸開始是：(1) 價平量增，往逆時鐘方向接著是：(2) 價增量增（量價同步）；(3) 價增量平；(4) 價微量縮；(5) 價平量縮；(6) 價跌量縮；(7) 價跌量平；(8) 價小跌量增 8 個方向。

＊ 週期：橫軸是採用 20 日均量，縱軸是採用 20 日均價，週期的採用可依個人和指數或價位的變化而改用其他日子，如：60 日均價均量、120 日均價均量或 240 日均價均量，或短天期的 10 日均價

均量。至於中線的週，如：6 週、13 週、26 週、52 週。長線的月，如：6 月、12 月、24 月、120 月、240 月都可以採用做為週期。

逆時鐘曲線可由供需的變化，探討多空的強弱以提供買賣的訊息，並且能有效的確定股價或大盤的高低點。

＊　逆時鐘曲線操作法：

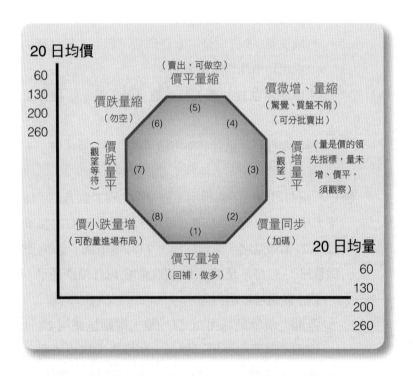

從下圖可看出當日的量價（縱軸是採用 20 日均價，橫軸是採 20 日均量）的圖形是朝右上方的走勢，依上圖 8 個方位

知道是量增價漲，屬於 (2) 價量同步，因此可以採用加碼買進
的操作。

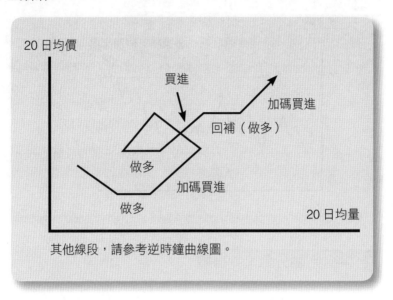

其他線段，請參考逆時鐘曲線圖。

4-3 / 股市多空的判斷

　　股市多空的判斷，有助投資人順勢操作，以下是幾個判
斷的指標。

Buffett Index

- 股市總市值／ GDP
- 130% 合理區
- 160% 過熱區

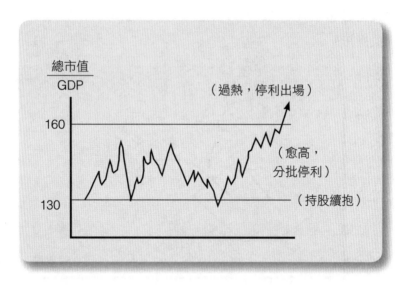

景氣判斷分數 vs. 指數

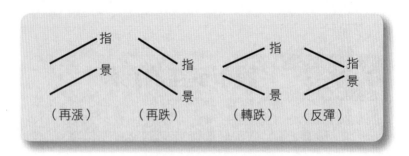

景氣判斷分數中：（由左至右來看）

第 1 個圖是多頭走勢，持股可續抱。

第 2 個圖是多空走勢，退出觀望。

第 3 個圖是翻空走勢，股價走跌，持股賣出。

第 4 個圖是反彈走勢，可進場搶反彈。

VIX Index

· 40 以上（市場非理性恐慌），會出現反彈：買進 (B)。
· 15 以下（市場非理性樂觀），會出現殺盤：賣出 (S)。

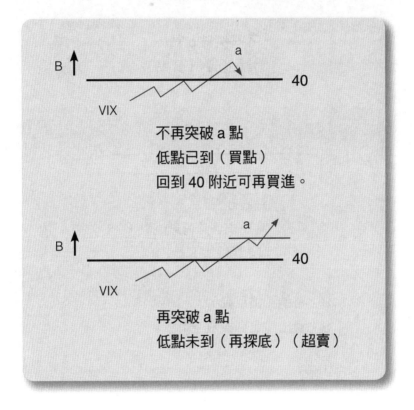

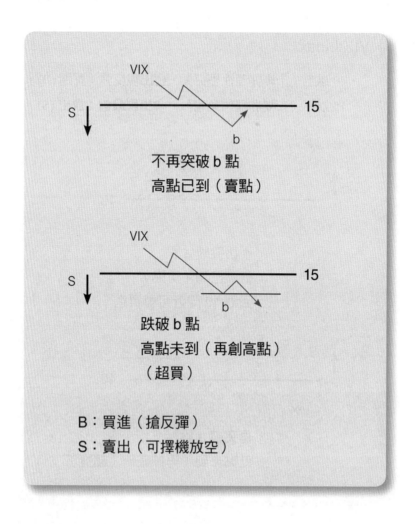

B：買進（搶反彈）

S：賣出（可擇機放空）

月指數看 KD 判斷多空

❶ K > D > 20：買

❷ K < D < 80：賣

❸ K > D > 50：加碼買

❹ K < D < 50：加碼賣，可空

以上的股價或指數都會有大幅度的上漲或下跌，尤其是第3點和第4點，第3點是進入多頭行情，股價或指數會大漲，尤其是K線出現第2支紅K時，第4點是進入空頭行情，股價或指數會大跌，尤其是K線出現第2支黑K時。

4-4 / 從MA線判斷多空

由MA線（移動平均線）可判斷股市或股價是走多頭或空頭，可依此決定投資方向與操作策略。

❶ 由MA線（Moving Average Line）看多頭市場（Bull Market）：

當日、週、月線中的諸MA線依短天、短週、短月，依序由上而下排列時，股市或股價就是多頭市場。

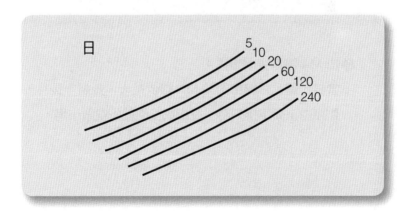

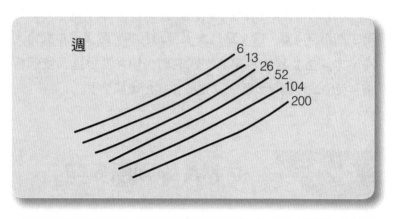

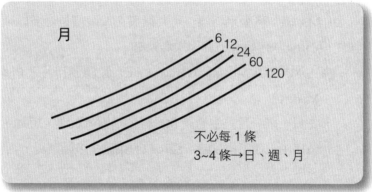

❷ 由 MA 線看空頭市場：

　　當日、週、月線中的諸 MA 線依長天、長週、長月，

　　依序由上而下排列時，股市或股價就是空頭市場。

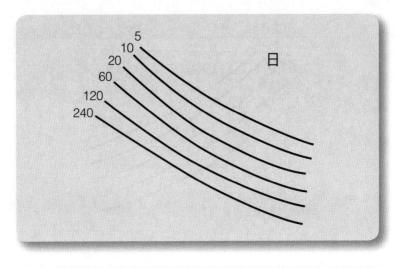

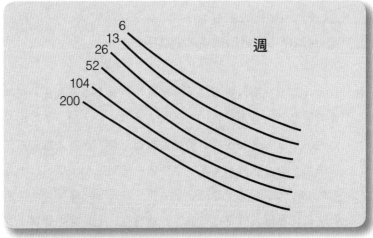

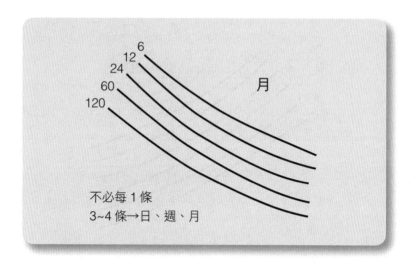

6
12
24
60
120
月

不必每 1 條
3~4 條→日、週、月

❸ 多頭市場持股續抱。

❹ 空頭市場則退出觀望，或反手做空。

註：當 MA 線形成多頭排列後，股價或指數會走多頭行情，股價
或指數會不斷地創新高，但創新高的過程中，MA 線不能有
太大的乖離。當 MA 線由高檔反轉而下時，也就是短天期、
短週期、短月期的 MA 線下彎跌破中短期的 MA 線，而中短
期的 MA 線也開始下彎時會形成死亡交叉。此時股價或指數
會從高檔拉回，股價或指數逐步地轉空，尤其是中短期（月
線）的 MA 線又跌破中期（季線）MA 線，又形成 P<20 日
均線（月線）<60 日 MA 線（季線）時，股價或指數拉回幅
度會加大，一直到長天期的 MA 線形成死亡交叉後，股價或
指數的跌幅才逐步減緩，也就是 MA 線形成空頭排列。此時
股價或指數也跌深，開始會有打底的形態出現，此時走空的

短天期 MA 線又開始走緩甚至翻揚，股價或指數也開始由空逐步轉多，整個 MA 線形又再次由底部往上進行黃金交叉後，又進入多頭排列。多頭排列時，股價或指數看漲，空頭多排列股價看跌。前者可續抱，直到 MA 線轉折，空頭排列形成則逐步出脫手中持股並且可以反手做空。在多頭行情時做多不做空，在空頭行情做空不做多才能在股市成為贏家。其他週、月 MA 線的操作方法同於日 MA 線。

4-5　K 線理論和操作（單 K、雙 K）

K 線的類型

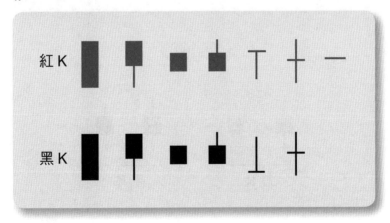

∱ K 線的說明

* 易漲的 K 線

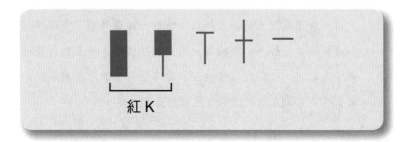

紅 K

* 易跌的 K 線

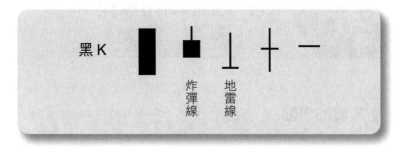

黑 K　　　　　　　炸彈線　地雷線

* 整理線

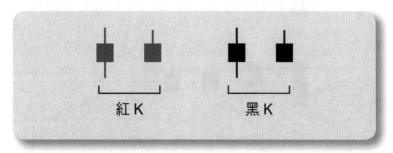

紅 K　　　　黑 K

🏃 K 線的應用

* 會漲的 K 線（低檔）：在低檔漲機會高，若在高檔要不斷創新高才行。

紅 K

* 會跌的 K 線（高檔）：在高檔會跌的機會高，若在低檔不創新低則不會再破底。

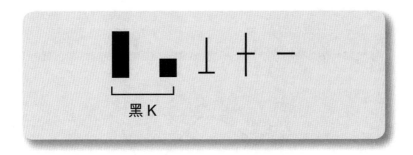

黑 K

* 不漲不跌含整理的 K 線（高、低檔）

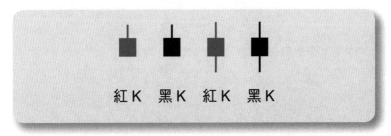

紅 K　黑 K　紅 K　黑 K

🧍 K 線的判圖

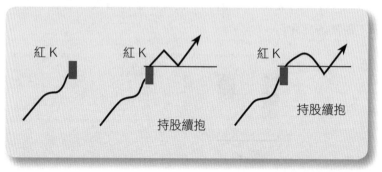

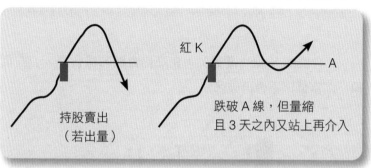

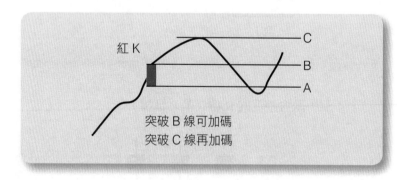

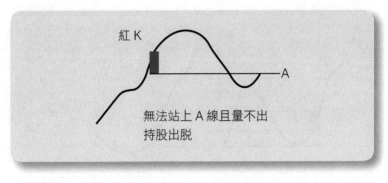

紅 K

A

無法站上 A 線且量不出
持股出脫

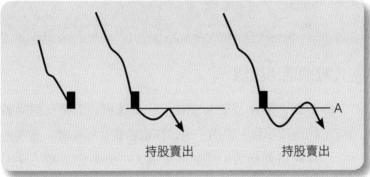

A

持股賣出　　　　持股賣出

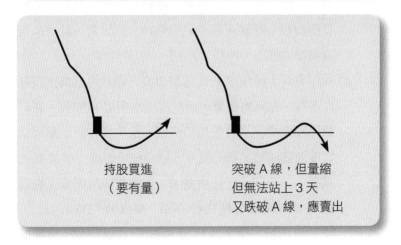

持股買進
（要有量）

突破 A 線，但量縮
但無法站上 3 天
又跌破 A 線，應賣出

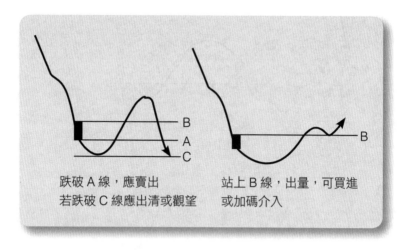

跌破 A 線，應賣出
若跌破 C 線應出清或觀望

站上 B 線，出量，可買進
或加碼介入

K 線的使用說明

❶ 觀點：單 K 及雙 K 猶如一、二棵樹，走勢及型態猶如一片樹林，要由一、二棵樹綜觀全局較難，需要更深的研判功夫，且要搭配高人一等的經驗及心理因素，才能決定進出、停損、停利及放空，但若是走勢及型態較易綜觀全局，只要熟練、肯研究，就可以培養精準的進出、停損、停利和放空的功夫。

❷ 操作方式：操作單一 K 線難度高，雖知在低檔出現紅 K 要買、在高檔要賣，而在高檔出現黑 K 要賣、在低檔出現則要注意買點是否將到，這些操作原則常因執行度而造成買、賣的難度，除非你是短線（單 K 線的高手），否則最好採用雙 K、型態學或趨勢線、拋物線、平均線或各種指標 (RSI、MACD、DMI...etc.)，或其他指標、圖形或理論 (wave、Gami...etc.) 來輔助你在買賣點的抉擇。

夫 K 線綜合

❶ K 線看圖（指單 K，雙 K 則參考後頁）

(1) 紅 K 線組合在低檔易漲。

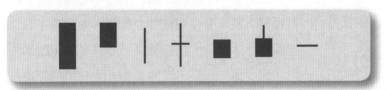

(2) 黑 K 線組合在高檔易跌。

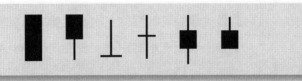

(3) 若紅 K 線（在高檔）組合再漲，遇黑 K 線組合則股價易拉回。

(4) 若黑 K 線（在低檔）組合再跌，遇紅 K 線組合則股價易反彈。

(5) 若紅 K 組合（在高檔）要再漲，則隔日或之後的股價要突破這些 K 線的最高價。若跌破最低價格則要小心股價會拉回，一般而言，紅 K 組合在高檔要再漲的機會會減少。

(6) 若黑 K 線組合（在低檔）要再跌，則隔日或之後的股價要跌破這些 K 線的最低價，若突破這些 K 線組合的最高價，則股價會反彈。一般而言，黑 K 組合在低檔要再跌的機會會減少。

(7) 若多頭走勢中,股價逢拉回出現紅 K 線組合,股價易再漲(配合上揚的 MAL),只要位置不要過高,還是可以買進。

(8) 若空頭走勢中,股價反彈若出現黑 K 線組合,股價會再下跌,若位置已經在低檔,股價再下跌之空間已小,可以等待反彈時機買進,若下跌過程中任何反彈,只要出現黑 K 線組合,股價都會再下跌(配合下彎的 MAL)。

❷ 雙 K 組合使用說明:

(1) 若是先黑後紅,發生在上漲走勢中有機會再漲。若發生在下跌趨勢中,有可能是誘多,除非有量輔助。

(2) 若是先紅後黑,發生在下跌趨勢中會再跌,若發生在上漲趨勢中,拉回時,若量縮且能守在支撐之上,則是好買點,除非是爆量走黑(第二個黑 K)。

相關 K 線資訊,可參考筆者著作的《投資技術分析》一書。

4-6 頭肩底和頭肩頂的延伸詮釋

　　頭肩底（Head and Shoulders Bottom）、頭肩頂（Head and Shoulders Top）的延伸使用是操作中時常使用到的技巧，基本理論和來源，可參考筆者著作的《投資技術分析》。

　❶ 頭肩底的延伸操作：

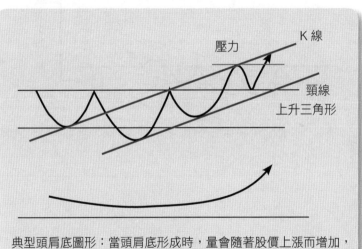

典型頭肩底圖形：當頭肩底形成時，量會隨著股價上漲而增加，突破頸線拉回時量也縮，形成量價同步。

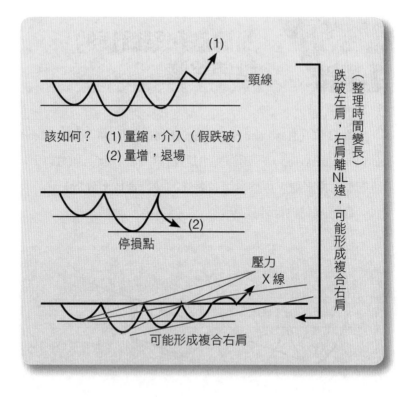

該如何？　(1) 量縮，介入（假跌破）
　　　　　(2) 量增，退場

頸線

(1)

(2)

停損點

壓力
X線

可能形成複合右肩

（整理時間變長）
跌破左肩，右肩離NL遠，可能形成複合右肩

❷頭肩頂的延伸操作：（不考慮 MA、K 線，只看型態、
　X 線、趨勢線及成交量）

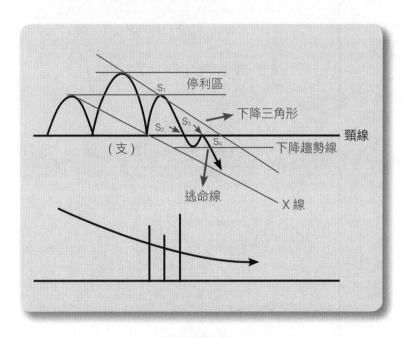

　　圖中 S_1、S_2、S_3、S_4 都是賣點。

　　S_2、S_3、S_4 是明確的賣點，但要符合黑 K，-3% 市價的確
認。

　　S_3、S_4 可放空，S_2 放空要設 6% 的停損價，不過頭肩頂
形成頭部賣壓大，放空勝出機率極高。

突破左肩，右肩離NL稍遠，這可能形成複合右肩（多頭掙扎）

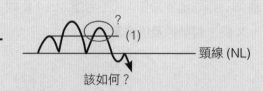

頸線 (NL)

該如何？

(1) 量增，暫緩出場，等跌 (1) 再出場
(2) 量縮，出場

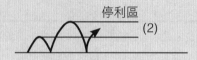

停利區

(2)

（右肩要突破頭部，很難，因左肩及頭部已形成，
所以此處是假突破，除非有更多的利多，
伴隨更多的交易量。）

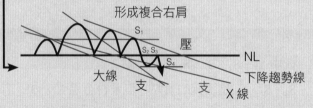

形成複合右肩

S_1

壓

S_2 S_3

S_4

NL

大線　　支　　支　　下降趨勢線

X 線

❸頭肩頂停損執行的說明：

問題 1：你根據研究，選定了一支股也進場買進，但
買進之後跌破了停損點，請問你會執行停損
嗎？

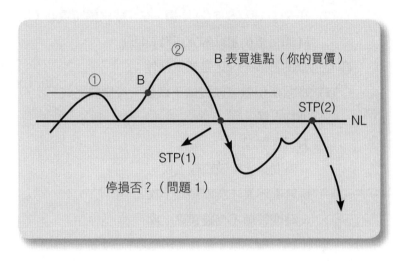

問題 2：若跌破 STP(1)，3 天之內站上此股是錯殺，
合理嗎？

問題 3：之後就漲上去突破①及②點（真的錯殺）。

問題 4：續漲，請問你在 STP(1) 處要先停損嗎？若停
損，你會在何處買回？

答案：

(1) M 頭形成，在第二個頭出現不規則的大量，小心。

(2) M 頭形成時間較長時，就要小心。

(3) 錯殺，要 3 天站上不容易，因為 M 頭太大。

(4) 若是錯殺，M 頭不會較大，時間波不會較長。

(5) 若錯殺，應該只會跌破①點，不會跌破 NL。

(6) 若是小 M 頭時間在一週內（5 天），就有可能是錯殺。（3 天可能站上 NL），若大 M 頭就不是錯殺。

(7) 在 STP(1) 及 STP(2) 停損，在完成跌幅時買回（以 M 頭目標衡量跌幅完成時買回）。

❹ 型態學的形成不一定是要對稱性：

(1) 當頭部型態完成股價下跌後，股價要完成另次型態往上漲。

有三種狀況：

a. 時間長才突破頸線上攻。

b. 時間等長才突破頸線上攻。

c. 時間較短才突破頸線上攻。

上述三種，以 a 最強，b 次之，c 較弱。

(2) 若底部型態形成後，再次形成下跌型態時也有三種：

a. 時間短跌破頸線下跌。

b. 同等時間跌破頸線下跌。

c. 較長時間跌破頸線下跌

上述以 c 最強，b 次之，a 較弱。

(1) 若中要買轉多，則選 a。

(2) 若中要操作放空或賣出觀望，則選 c。

4-7 成交量、成交價和均量、均價的應用

操作

❶ 週線（在低檔）：

6 週 MAL 走平上揚，可注意 B（買進）。

6 週均量走平上揚，可注意 B。

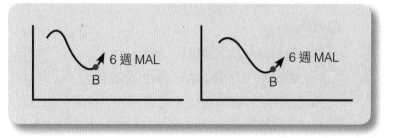

❷ 月線（在低檔）：

6 月 MAL 走平上揚，可注意 B。

6 月均量走平上揚，可注意 B。

　　反之，週、月的 6 週 MAL、均量線；6 月的 MAL、均量線走平下彎，則要停利出場。

黃金交叉

❶日線：

P>5 日 MAL > 20 日 MAL：買進

P<5 日 MAL < 20 日 MAL：賣出

當日量 >5 日均量 >20 日均量：買進

當日量 <5 日均量 <20 日均量：賣出

反之，死亡交叉時賣出或放空。

❷週線：

P>6 週 MAL >13 週 MAL：買進

P<6 週 MAL <13 週 MAL：賣出及放空

或

週量 >6 週均量 >13 週均量（>12 週均量）：買進

週量 <6 週均量 <13 週均量（<12 週均量）：賣出及放空

反之，當死亡交叉時要賣出或放空。

* 5 週、10 週 MAL 亦可使用。

❸月線：

P>6 月 MAL >12 月 MAL：買進

P<6 月 MAL <12 月 MAL：賣出及放空

或

月量 >6 週均量 > 12 月均量：買進

月量 <6 週均量 < 12 月均量：賣出及放空

反之，當死亡交叉時要賣出或放空。

＊5 月、10 月 MAL 亦可使用。

❹ 季線（60 日或 65 日）：

P>65 日 MAL（65 日 MAL 上升）：買進

反之，P<65 日 MAL（65 日 MAL 上升）之死亡交叉
時賣出及放空。

死亡交叉

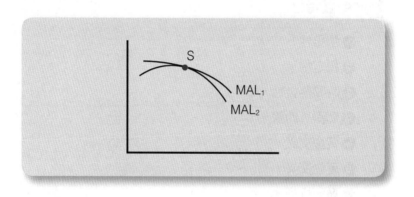

若死亡交叉出現時，股價已跌，可等反彈再賣出持股。
短天期 MAL 的死亡交叉影響小，中、長天期 MAL 死亡交叉
影響較大。

- 短天期指：5 日、10 日。
- 中期指：20 日、60 日。
- 長天期指：120 日、240 日。

至於週、月線的 MAL 之死亡交叉，就對股價影響較大。

4-8　MA 線與 Granville 法則的應用

技術指標透露的訊息可幫助投資人做買賣的判斷，本節介紹 MA 線（MAL）的用途和葛蘭碧法則（Granville Rule）的應用。

⋔ MA 線特性

❶ 趨勢性。

❷ 穩定性。

❸ 時間落後性。

❹ 助漲、助跌。

❺ 黃金交叉。

❻ 死亡交叉。

❼ 多頭排列。

❽ 空頭排列。

❾ 切線。

❿ 乖（背）離（價與線、線與線）。

⓫ 扣抵（與 ❸ 配合）。

⓬ Granville 法則。

⓭ 量價之搭配（買、賣點之抉擇）。

⋔ Granville 法則（葛蘭碧法則）

❶ MA 線中的 Granville 可使用在日、週、月線上。

❷ 1960 年葛蘭碧 (Granville) 提出 200 日 MA 線中的八大

法則，以研判買賣的時機，就臺灣而言，日線常用在
20 日、65 日週線中常用在 6 週、26 週；月線常用在
6 月、24 月。

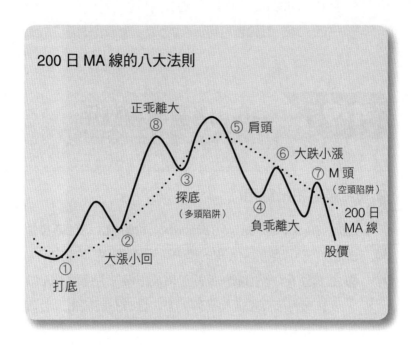

200 日 MA 線的八大法則

* MA 線買點有 4 個，即①、②、③、④；賣點 4 個，
  即⑤、⑥、⑦、⑧。

🚶 Granville 其他應用

股價乖離 (bias) 的使用：

❶ 在多頭市場股價與 MA 線乖離（正乖離，如：日線中
  的月、季線）只要不是在高檔或最後一波，拉回量縮
  都是買點（符合 Granville rule 的②③點）。

❷ 若在空頭市場股價與 MA 線乖離（負乖離，如：日線中的月、季線），只要是反彈（買在第④點），遇 MA 線時（或突破）都是賣點（可以反手放空），（符合 Granville rule 的⑥、⑦點）

→日、週、月線皆可用。

4-9　扣抵之觀念和應用

♔ MA 線中扣抵應用

扣抵（Buckle and Strike Beat throw）可使 MA 線的落後性變成領先性，可以瞭解 MA 線的趨勢而下多單、賣單或空單。

❶ 左上右下：若扣抵較高的股價或指數，右邊的 MA 線就有機會因高扣而趨勢轉向上，這時布局股市或股價有機會獲利。

❷ 左下右上：扣抵可將 MA 線的延遲性轉為領先指標，可知道何時 MA 線會翻揚轉多而進場布局多單；或翻轉而下轉空，進場賣股或進場放空。

❸ 再補充 ❶、❷ 之涵義：

扣抵可依據日、週、月線去推算；日線的 MA 線有 5、10、20、60、120 和 240 日線；週線有 6、13、26、52 和 104 週 MA 線（或 5、10、20、60、120 和 240 週 MA 線）；月線 有 6、12、24、60、120 月 MA 線（或 5、10、20、60、

120 月 MA 線）；因此投資者可依目前的價位去反推上述
MA 線的位置，也就是上面文章中提示的往上扣左高（由下
往上），右邊的 MA 線就會往下彎（由上揚到走平到下彎），
前提是股價逐步下跌比左邊股價低；反之，往下扣左低（由
上往下），右邊的 MA 線就會往上揚（由下彎到走平到上
揚），前提是股價逐步上揚到比左邊股價高，這時就可以預
估 MA 線是要走平下跌還是走平上揚，再決定要買股票（看
漲）或賣股票（看跌）。

4-10　MA 線三線或多線合一的操作

　　MA 線三線、多線合一或匯集，在指數和股價低檔時會
使股價或指數大幅反彈，是買進好時機；反之在高檔出現三
線、多線合一或匯集時，會使股價或指數由多轉空，這時是
賣股和做空好時機。

　　實例如下：

　　三線合一（含以上）之上漲股（反之，下跌股亦同）：

　　日線（105,Q1）：

4129 聯合	4108 懷特
6143 振曜	4107 邦特
3234 光環	3205 佰研

4947 昂寶；2次	6452 康友
1326 台化	4174 浩鼎
1308 亞聚	4162 智擎
1309 台達化	1515 力山
1305 華夏	1541 昌泰
2317 鴻海	1527 鑽全
3484 崧騰	3492 長盛
2636 台驊	4529 昶洧
6505 台塑化	6279 胡連
3035 智原	9951 皇田
5007 三星	3552 同致
8383 千附	3003 健合興
5245 智晶	4971 IET-KY
2404 漢唐	1460 宏遠
6238 勝麗	4426 利勤
6414 樺漢	3036 文曄
4506 崇友	1464 得利

4-11 200 週 MA 線和 120 月 MA 線的應用

❶ 股價拉回觸及 200 週 MA 線,若第一次且上漲,可酌量布局,要出現紅 K 時再進場;若上漲後第二次拉回又觸及 200 週,且紅 K 又上漲,因有第一次的成功案例,可大膽加碼買進;若是第三次時,已歷經二次的成功驗證,再符合紅 K 且上漲之條件,可以全數加碼買進。

* 趨勢線 (Trend line) 是第三次拉回測試,第四次拉回觸線再加上 Trend line 上漲,也是全數加碼買進。

* 週、月線在第 3 點就可以大膽布局。

* 空頭則在第四次全力放空,Granville 的第 6、7 點。

❷ 但 200 週的案例一定是如上述嗎?不盡然,那股市投資就太簡單了,錢都是你賺,大家都這樣操作,那麼誰賠錢?200 週的案例還有其他線型是不能進場買股票,要等線型扭轉才能進場,才會成為贏家。

❸ 運用時的說明:

(1) 拉回觸及 200 週 MA 線,而 200 週 MA 線下跌,暫緩進場,等紅 K 突破且上升時再進場。

(2) 拉回,跌破 200 週 MA 線,但上升,可布局。若紅 K 再突破,加碼。

(3) 拉回，跌破 200 週 MA 線，但是下降，暫緩進場，
等 200 週 MA 線上升，紅 K，再進場。

實例如下：(104.10.12)

❶ 遇 200 週 MA 線反彈的股票：

1307 三芳	3131 弘塑
1460 宏遠	2404 漢唐
1355 車王電	3484 崧騰
1527 鑽全	2636 台驊
1515 力山	3450 聯鈞
4506 崇友	

❷ 遇 120 月 MA 線反彈的股票：

3036 文曄	5007 三星
3003 健和興	6176 瑞儀
1533 車王電	6505 台塑化
4529 昶洧	8299 群聯
1515 力山	6147 頎邦
1507 永大	1305 華夏
2404 漢唐	1326 台化
6143 振曜	1312 國喬
8383 千附	

4-12 趨勢線的應用

趨勢線三種情況

上升趨勢線（Trend Line）的應用，由下往上取 2 點畫出上升趨勢線，第 3 點是測試點，用來測試這條趨勢線的有效性，分成：Major 和 Minor 兩種趨勢線，前者是長期的趨勢線，後者是短期的趨勢線，突破需要：（1）有量；（2）長紅 K；（3）突破頸線或壓力線的 +3% 的價格。至於下跌趨勢線只要：（1）長黑 K；（2）跌破頸線或支持線的 -3% 的價格，就算有效突破或跌破。

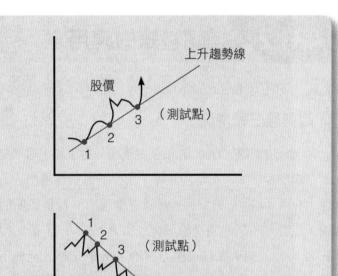

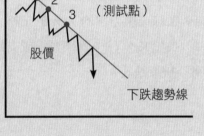

　　下跌趨勢線和橫向整理的趨勢線，運用方式與上升時一樣。

趨勢線運用

❶ 當你在底部布局後，等第 2 條 K 線出現後畫出上升趨勢線，跌破就賣；同樣股價從高檔下跌，等第 2 條 K 線出現時，畫下跌趨勢線，突破就買；或連結 2 個水平點畫出支撐或壓力線（俗稱頸線），突破後，有三次買點，中、低檔有效；跌破後，有 3 個賣點和 2 個

安全的放空點，中、高檔有效。若能熟練，在股市中
可提高投資報酬率，不須要老是在找高點要賣出或低
點要買進。

* 突破要有量，中長紅 K 和 1.03 的條件。

* 跌破量不重要，但要有中、長黑 K 和 0.97 的條件
  配合。

* 當然長紅 K 和長黑 K 最好。

* 週、月線都適用。

❷ 跌破上升趨勢線就是停利點；跌破水平頭部的頸線就
是停損點，有三次，寧可在這三次的後二次放空賺錢。
在股市中就是要賺錢，所以畫趨勢線可趨吉避凶。

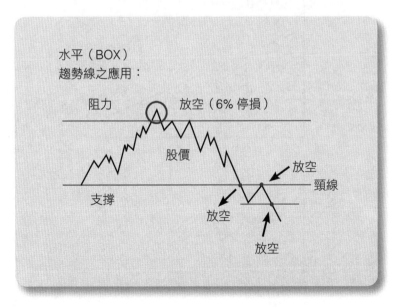

❸ 若選對股就不用停損，只有停利的動作。若真的不幸
選錯股，那也只好採用停損的手段，但那是不得已的

手段。若熟練趨勢線，你會有意想不到的好處，至少
會減少停損的動作，但會增加停利的機會；若你還熟
練其他技術分析工具，更容易幫你選股與買進、賣出
等操作。

❹ 單學會趨勢線，就可以幫你選股、買股、賣股和放空。

❺ 趨勢線經過一段時間後，股價在起落間，有時要修正，
這稱為修正後的趨勢線。各股皆可採用趨勢線的畫法
去操作。

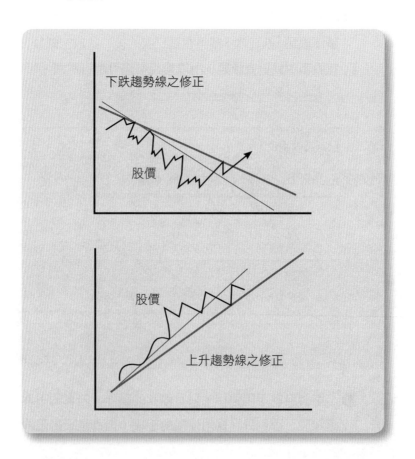

❻ 跌破有一個但書，就是量縮（不符合下跌的二個條件），這時有可能是多頭陷阱，股價拉回整理不超過3天會再站上上升趨勢線，若遇見這種狀況，暫時不要停利，若符合下跌二個條件，還是要停利。

❼ 趨勢線的延伸解釋：2個點連結的上升、水平或下跌趨勢線，若連結的2點太近，就須靠第3點來測試這條線的可靠性；若成功，這條趨勢線可用；若連結的2點有些距離，例如是經由第2個底或第2個頂連結的趨勢線，這條線的可靠性就準確很多，若又有第3點來測試，則準確度更高。

❽ 若第2個底要比第1個底低，第2個頂要比第1個頂高，趨勢線就要修正才能採用。

❾ 熟用趨勢線操作法可以買在相對低點，賣在相對高點，而且風險降低很多。

❿ 沒有突破就不買，沒有跌破就不賣，就是如此操作。但要符合突破和跌破的條件，如果需要的話，也要懂得測試和修正。如浩鼎漲這麼多，要不要賣？你可以從104年11月10日的408和11月12日的422畫出上升趨勢線，等股價跌破再停利，那之前的買點在哪裡？你可從455.5連結437畫出下跌趨勢線，你會發現突破下跌趨勢線的位置就是買點，那個位置有價也有量。

⓫ 其實趨勢線沒那麼死，隨時要隨著價格的位置去修正。最準還是採用拋物線（3個點連結；趨勢線是2個點，所以是直線），可是不太好畫和瞭解。趨勢線

已經夠用了。

⑫ 各位可以找其他股畫畫看，從趨勢線去選股，從選股
中去找買點、賣點和空點。

⑬ 手中持股若在上升趨勢線上就續抱，等跌破再停利，
這樣才能賺多，一支股票要漲多少才停利？停利不好
抓，除非你會看 K 線和 K 線組合，否則最好設的停
利點就是跌破上升趨勢線時。

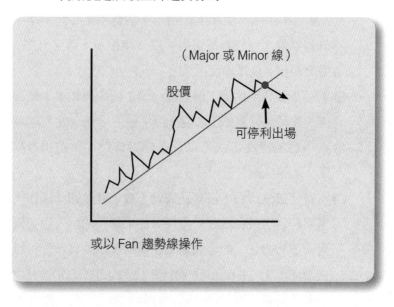

⑭ 修正上升趨勢線的使用：以「環球晶」為例，連結
70.2 和 73 形成上升趨勢線，104 年 11 月 16 日跌破，
但以紅 K 作收，且量縮，持股可續抱，因為出現第 2
個底，重新連結 70.2 和 75.9 形成第 2 條上升趨勢線，
若尚未跌破，持股可續抱；按照上升趨勢線有 Fan 型，
也就是上升或下跌都有機會依股價位置修正而畫出 3

條趨勢線，當第 3 條被跌破或被突破時，股價開始轉空頭和多頭，持股多者可在跌破第 1 條時賣出 50% 持股，跌破第 2 條時賣出 30%，在跌破第 3 條轉空時，全數賣出手中持股，並可在跌破第 1 條放空 20%，跌破第 2 條放空 30%，跌破第 3 條放空 50%；反之突破下跌趨勢線的操作方式同上，但買進的方式是 20%，30% 和 50%，在突破第 3 條時轉多頭，可加碼買進。

⑮ 第 3 條上升趨勢線跌破，獲利會降低，所以暫不考慮，若真的跌破第 3 條，可以放空，若不熟悉放空操作，就不考慮跌破第 1、2 條上升趨勢線時放空，而採用跌破第 3 條時放空。

⑯ 若你膽子較大，則可採用之前提及的 Fan 趨勢線操作法：跌破第 1 條賣掉 50%、放空 20%；跌破第 2 條賣掉 30%、放空 30%；跌破第 3 條賣掉 20%、放空 50% 的操作方法；但放空要設 6% 的停損。照趨勢線操作，多、空都較易贏。

＊ 說明：趨勢線有上升、下跌和水平橫向三種；而上升和下跌又有 Major 和 Minor 兩種，前者是長線，後者是短線；橫向則有支撐和阻力二種線。上升和下跌的操作已提示過，現在說明橫向的操作，橫向有二種：一種是在橫向中只有一至二個價格，價差小，所以在突破上緣時比較不適合放空，因為沒價差，法人主力可能是真突破；另一種有價差的橫向整理叫 BOX（箱型整理），因為有價差可賺（在箱型中還可以用 Minor 趨勢線做

進出、賺短線），所以突破上緣時有時，是假突破，在高檔放空贏的機率高，若股價跌破二種橫向整理的下緣，一定要出脫手中股票。這裡有 3 個放空點，只要跌破下緣有反彈，就有 3 個放空點，上述二種橫向整理在中、低檔的突破是真突破的機會較高，在高檔則假突破的機會高，但第一種在高檔突破的機會較 BOX 高，當然量也很重要，突破有量又能收高，這種突破通常是真突破，否則就是假突破；跌破下緣只要長黑再 ×0.97 就是真跌破，一般而言，跌破 BOX 的上緣，要比跌破下緣容易，雖然放空時跌破上、下緣都要設 8% 的停損，但跌破下緣風險很低，幾乎穩賺，放空是很好賺的，只要抓準時間點，則幾乎沒風險。

總結

1. 熟練趨勢線，在股市中可以賺也可以降低風險。
2. 若以趨勢線再搭配 K 線組合、型態學和 MAL，在股市中就很好操作。
3. 若再加上 KD、MACD、DMI 和波浪理論，就更好生存。
4. 若再加上題材、基本面和籌碼面，那就更不得了。

趨勢線的綜合說明

1. Major 上升，下跌趨勢線通常有 3 條，跌破上升趨勢線的賣出和放空已提示過，跌破趨勢時通常會較迅速

和明確，所以不用來回操作，賣出時就直接賣出，放
空就直接放空。放空的停損，停利也要嚴格執行。

❷ 至於突破下跌趨勢線時，因底部的形成需有段時間，
所以在突破第 1、第 2 條時，位置還高，MA 線還未
走緩、走平或翻揚，最好採來回操作，也是各以 20%
或 30% 買進，等突破第 3 條下跌趨勢線時，若 MA
線也都能搭配，此時可以說趨勢已由空轉多，就可以
放心買進 (50%) 或加碼買進 (>50%)。

❸ 至於 Minor 上升或下跌趨勢線大約以 1~2 條趨勢線操
作，跌破時以一次或二批賣出，突破時以一次買進或
二批買進，都可以用 100%，或 50% 和 50% 進出，可
依資金配置操作。

❹ 至於第三種橫向的二種水平趨勢，也在之前提示過，
請參考之前的說明。

趨勢線需要經過第 3 點測試，若測試成功，這條趨勢線
的穩定性和可靠性較高，不易跌破也不易突破，尤其以 Major
最佳，因為其時間波較長，至於 Minor 則為其次，因此 Major
適合中長線操作，Minor 適合短線操作。你也可以在 Major
趨勢線上的次級波浪 (secondary movement) 中採用 Minor 進
出獲利。當然也可以留一些在 Major 上操作中長線操作，一
些留在 Minor 趨勢線上操作獲取短線利潤，但要記得在
Minor 操作後，在拉回突破下跌趨勢線或突破橫向趨勢線時，
買回。

🕴 Major 線（長期趨勢線）詳細的說明

❶ 上升趨勢線：

(1) 若 Major 上升趨勢線超過 45 度以上，出現 3 條的機率高，可以當成 Fan 趨勢線的方式來操作。

(2) 若是 45 度附近，就以 1 條來操作，若可以，最多以 2 條來操作，但不要低於 33 又 1/3 度。

(3) 若 Major 趨勢線低於 33 又 1/3 度，股價漲幅小，時間又拖得長，所以這種 Major 線在趨勢向上的多頭市場，就不要採用。

❷ 下跌趨勢線：

(1) 第一種是大於 45 度角（由左上到右下）的線型不易突破，突破也不易獲利，只能短線操作。

(2) 若突破的是 45 度（由左上到右下），比較有獲利空間，但在下跌中也只適合來回操作。

(3) 若突破的是小於 45 度則獲利空間增加，因為容易突破，且趨勢線已趨近底部，加上短期的 MAL 開始走平翻揚，這時可以加碼買進，獲利可期，買進之後接著再畫上升趨勢線，之後就以上升趨勢線的方法操作。

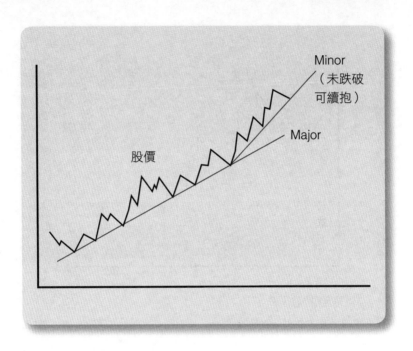

🚶 Minor 線（次要趨勢線）的操作

當 1 條 Major 的上升趨勢線形成後，途中若出現 1 條較高股價的趨勢線，這條就是 Minor 上升趨勢線，此時可依 Minor 的趨勢線操作法操作，有時這種 Minor 線不止 1 條，出現時都以之前提示的操作方法操作。

Minor 放空賺不多，要放空要放 Major，已提過 Major 如何放空，請參考之前說明。

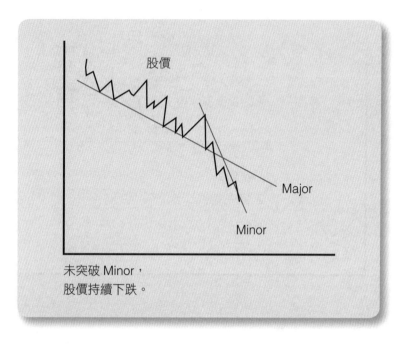

股價

Major

Minor

未突破 Minor，
股價持續下跌。

投資心法

❶ 若沒基本面的第一手資訊來源者，就勤練技術面分析，獲利可期，但要學會且敢執行停利、放空；若你是選對股就沒有停損這個動作，只有漲時停利，轉空時放空二個動作，停損是選錯股不得已的做法，給個操作原則：「散戶不要貪，該出場就要出場，該放空就要放空。若不會放空，就換股操作或等下次機會做多」。

❷ 手中永遠要有資金，會做好資金配置者，永遠是贏家；但這些資金是不影響生活的額外資金。

❸ 要買「萬里無雲」的股票，最好是買「經過整理」、「線

型再度轉好」的股票，因為經過整理，浮額也減少，
這些股票的底部支撐都很強勢，買這種股票的風險較
低也易賺錢；若是已漲多的萬里無雲股，你若不是買
在較低檔，你的風險就會增加，獲利就會降低，除非
你每天都在盯盤。

❹ 各位可以將資金分成三份：40% 操作存股，用定時定
額和不定時定額操作；40% 操作波段，布局拉回整理
完畢，完成 5 波下跌，回到起漲區的股票；20% 操作
短線，布局在高檔突破平臺整理或突破下降趨勢線的
股票，三者合一，會有很好的投資報酬率。當趨勢轉
空時，可將短線資金和部分波段資金轉進放空部位，
這樣多空都可以顧到，存股做中長線，不在乎價格高
低。

❺ Trend line：買賣股票後，先繪 Trend line，不論是
Minor（短線），Major（中長線），日、週、月線都
要繪，這是降低風險（會賣、放空）及增加利潤（會
買）的保險操作方法，不敢保證利潤高（有題材、基
本面的股票，利潤則會高），但可以賺到錢或降低風
險，若再配以 K 線型態學、MAL、KD、MACD、量
價關係、資券比、法人進出等資訊，將會賺更多，若
能加入題材及基本面則更棒。

❻ 趨勢線 (Trend line) 和扇形趨勢線 (Fan trend line) 的圖
形和使用如下：

(1) 趨勢線的圖形

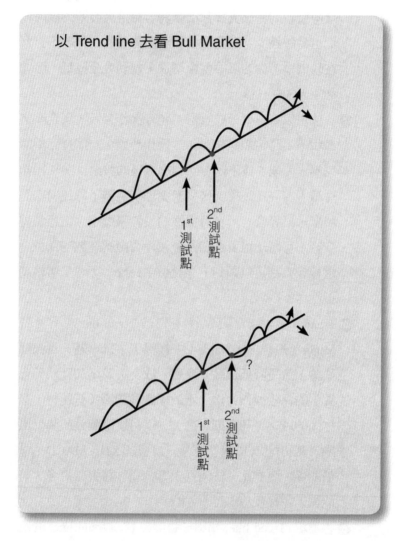

以 Trend line 去看 Bull Market

1st 測試點

2nd 測試點

1st 測試點

2nd 測試點

?

註：若要更確定趨勢線的可靠性，可以再取第 4 點做測試點，以
　　增加持股的信心，包含上升及下跌趨勢線，但以 Major 趨勢
　　線為主。

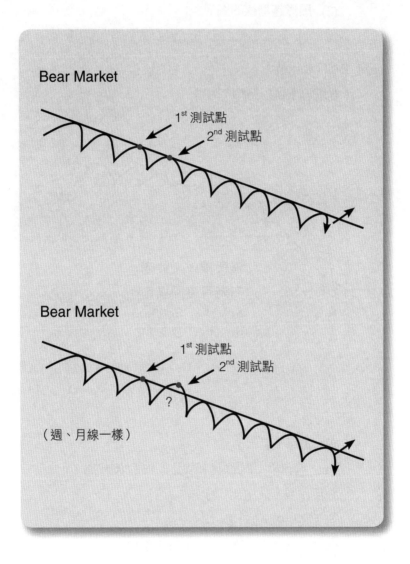

(2) 扇形趨勢線的圖形

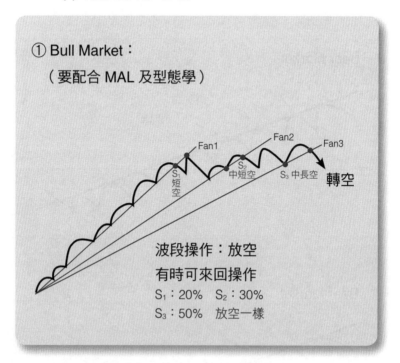

① Bull Market：

（要配合 MAL 及型態學）

Fan1

Fan2

Fan3

S₁ 短空

S₂ 中短空

S₃ 中長空

轉空

波段操作：放空

有時可來回操作

S₁：20%　S₂：30%

S₃：50%　放空一樣

圖形說明：

・短線高手 (老手)

Fan1 獲利小；Fan2 獲利次之；Fan3 獲利高。

散戶作多、放空都一樣。

・若受高檔 MAL 下壓：

Fan1、Fan2 位置較高，可來回操作。

Bull Market 之轉變說明：

短線高手（老手） ┌ Fan1　獲利小
　　　　　　　　　│ Fan2　獲利次之
　　　　　　　　　│ Fan3　獲利高
　　　　　　　　　│ （作多、放空都一樣）
　　　　　　　　　└ 　↑散戶

Fan1、Fan2 位置較高，
可來回操作
或
Fan1 位置較高，
可來回操作
　　　　　　　　　　　　受高檔 MAL 下壓

Bull Market：

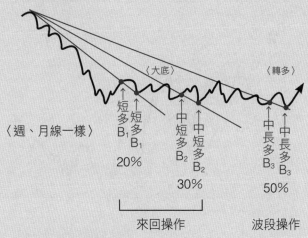

〈大底〉　　　〈轉多〉

〈週、月線一樣〉

↑短多 B₁　↑短多 B₁

中短多 B₂　中短多 B₂

中長多 B₃　中長多 B₃

20%

30%

50%

來回操作　　　波段操作

〈Fan Trend Line〉

B1：20%　B2：30%　B3：50%

(3) Bear Market 不同型態

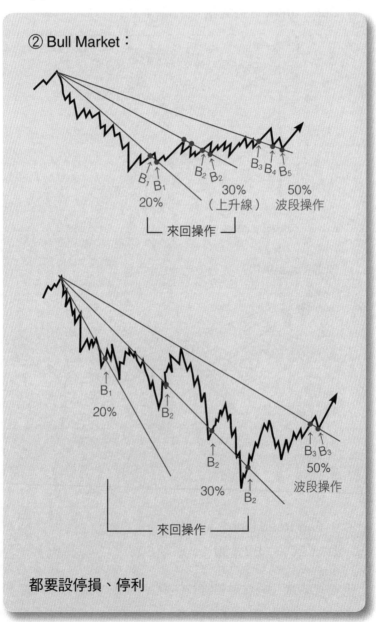

② Bull Market：

B₁ B₁
20%

B₂ B₂
30%
（上升線）

B₃ B₄ B₅
50%
波段操作

└─ 來回操作 ─┘

B₁
20%

B₂

B₂
30%

B₂

B₃ B₃
50%
波段操作

└───── 來回操作 ─────┘

都要設停損、停利

4-13 趨勢線和股價 SOP 的循環操作

　　在股市波段，掌握趨勢線和股價的循環操作，多空都賺，當個市場的快樂贏家。

❶ 走勢：臺股（他國一樣）半年~1年都會有1波大波段，之後就用 Trend line 的操作法，等走完 3 個 MTL (Fan trend line) 後就會由多轉空（5 個波），不喜歡或不習慣做空的投資人，做這個波段就可以大賺，不必多空都做，太辛苦（週、月線一樣）。

❷ Major trend line (MAL)：底部 3 個買點形成後，從底部沿第 2 個買點繪 Major Trend line(1)，之後沿著第 1 條 MTL 操作多單，當股價有效跌破（有條件）MTL (1) 時，出脫持股 50%，做空 20% 之後再繪 MTL (2)；當股價有效跌破 MTL (2)，時出脫持股 30%，做空 30%（停損 6%）之後再繪 MTL (3)；當股價有效跌破 MTL (3) 時，出脫最後 20% 持股，作空 50%（6% 停損，也可以不做，和跌勢形成可配合葛蘭碧 5，6，7 點）。有效跌破 MTL (3) 後，Fan trend line 形成，股價由多正式轉空，空單續抱，這時要由高點往下繪 MTL (1)。

❸ 形成與多頭時的 MTL (1) 一樣，當底部形成或有效突破下跌 MTL (1) 時，回補空單 50%（如果不放心，可以全部回補），買進多單 20%，有效突破 MTL (2)，

回補 30% 空單，買進多單 30%，再有效突破 MTL (3)，
回補最後空單 20%，買進多單 50%（多單續抱）。此
時已形成多頭的 Fan trend line，股價再由空轉多，接
著再繪上升的 MTL，形成一個股價多空的循環，投資
者可以依此循環操作多、空單，輕鬆做個贏家，週
（中）、月（長）線一樣可以依此方式操作（有時會
出現 Minor trend line 可以操作短線。另外，Trend line
須修正時，要隨股價方向修正）。

❹ 試探討由空轉多到由多轉空，再由空轉多的 K 線和
MTL，也可以加入 MAL 中的 Granville 和型態學合併
時買、賣（停利）和放空的時機，在第 ❶ 點中有提
及到。之後本節可參考之前的趨勢線圖後加入：SOP
（Standard Operation Procedure）標準作業流程。

4-14　PEG 的來源和應用

　　PEG（本益比和成長之比；Ratio of p/e & Growth）的來
源和計算（引用英國投資大師 Jim Slater 所著作的祖魯法則，
也引用〈今周刊〉陳喬泓的儒鴻實例）：

❶ PEG 的公式

$$PEG = \frac{預估\ P/E}{預估\ EPS\ 成長率}$$

$$= \frac{\text{股價} / \text{預估}}{(\text{預估 EPS} - \text{去年 EPS}) / \text{去年 EPS}}$$

❷ PEG 買賣點的決定：

PEG>1 賣出

1>PEG>0.5 持股續抱

PEG<0.5 買進

❸ 目標值的決定：

今年 EPS 預估值 × 今年 EPS 預估成長率

為符合臺股的變化，賣點修正為（陳喬泓提出）：

PEG>0.8

儒鴻的實例（陳喬泓）

❶ 算目標價：儒鴻 100 年 EPS 為 5.6 元，101 年如果再成長 30%（7.28 元），則已連續 4 年成長 30% 以上，本益比可達 30 倍，目標價 218 元（7.28 元 ×30）。

❷ 買進：101 年 4 月，60 元開始買進，一路買到 11 月 82 元，平均買進價格 77 元，預估本益比僅 10.6 倍（77 元 ÷7.28 元），因此，買進時 PEG 為 0.35(10.6÷30)。

❸ 續抱：2013 年 4 月，儒鴻公布 101 年 EPS 為 7.75 元，較 11 年的 5.6 元成長 38%，本益比理應達 38 倍，目標價調升為 294 元 (7.75 元 ×38)。

❹ 賣出：102 年 10 月，股價漲破 300 元，開始賣出，一直賣到 103 年 2 月份，總計賣出 12 張，賣出平均價為 345 元，總獲利 300 多萬元。以當時股價一度來到 380 元計算，由於預估 13 年 EPS 將成長 30% 至 10 元，

本益比達 38 倍，PEG 概算為 1.26 (38÷30)。

❺ 保留部分持股：儒鴻公布 102 年 EPS 達 10.9 元，年
增率高達 43%，自行預估儒鴻 103 年 EPS 成長 25%
至 13.6 元，目標價設算 340 元（13.6 元 ×25），以
目前股價 320 計算，預估本益比 23.5 倍，PEG 為 0.94
(23.5÷25)，持股沒有完全出清，頗後悔。

PEG 的重點

❶ 聚焦並投資小型績優成長股。

❷ 重視獲利，低 P/E 和成長的 EPS，以小搏大，提高投
資報酬率。

負債比 <50%，連續 2~3 年 EPS 成長率 >15%，股本 <20
億，科誠只有 2.4 億，自由現金流量 >0，ROE>15%，連續 3
年正成長，未來 1 年預估 P/E<15 倍，值得布局。

上述科誠的條件也是符合年度穩定成長的公司，和儒鴻、
凱撒衛、紅木、建大、豐泰一樣可以計算 PEG 和預估目標
價。（至 105 年止之資料分析）

之後到 103/3/31 儒鴻最高漲到 407，目標值計算到 398；
鼎翰目標值 312，最高達 324.5；美利達目標值 246，最高達
246；這三支都已結算完。

以下實際股價都以 7/22 的收盤價為主，計算出來只有凱
撒衛和紅木可投資，至於味王，建大，豐泰的 PEG 都落在
0.5~0.8 間，已買進者可續抱，味王預估目標值 =43.2，建大
預估目標值 102，豐泰預估目標值 122，未買者仍可布局，只
要 PEG 不大於 0.8 都 OK，大於 0.8 就要賣掉。至於凱撒衛的

預估目標值 =80、PEG=0.41、預估 P/E=10.26，可買進；紅木的預估目標值 213、PEG=0.37，目前預估 P/E=11.03，可買進。至於其他股不符合 PEG 之計算，只能用 P/E 之成長估股價，詮欣短線有機會再漲，以上僅供參考。

PEG 有使用上的一些困擾，是要在 >0.8 之上停利出場？還是 >1 時停利賣出？都有優缺點，事實上在大於 0.8~1 之間停利賣出都可以，只是有時賣出價位不是很好，若停利點能搭配出現賣訊的 K 線或 K 線組合去做停利賣出的動作，是可以賣到更接近高點或近高點，其實運用趨勢線的操作也是可以賣到不錯的價位（請參考趨勢線 4-13），或採用拋物線的操作，在股價以黑 K 拋出 90 度時停利賣出，價位也會更好（請參考筆者著作的《投資技術分析》第 10 章拋物線）。

事實上，PEG>1 時，是停利賣出最好時刻，在 0.8 和 1 間若要賣較好的價格，可以參考 K 線或趨勢線操作，若要選較高價格賣出，參考 K 線和 K 線組合較適當。

若依儒鴻之例在 PEG=1.26>1，股價 380 時停利賣出和 3/31 最高價 407 相差不遠，只有 27 元，已經很厲害，若是以後來的 PEG=0.94 來進出，還落在 0.8~1 間，可持續採用 PEG 計算，目標價是 398，和最高價 407 差 9 元，很精準；若想賣更好的價位（超過 398），就需要靠看 K 線的功力。

只要 EPS 持續成長，就可以繼續計算目標價和 PEG，以決定股票是否要停利出場，也可以搭配上述提示的技術分析來決定，儒鴻後來持續成長，到 104 年 9 月 18 日股價最高到 549 元，因此可以繼續計算目標價和 PEG 值。

一家公司若在過去 3~4 年的 EPS 呈穩定成長，其中當然

包含銷貨淨額、毛利率、營業收益率、稅後盈餘都呈穩定成長，就可以針對股價計算 PEG 和目標值。

而且這家公司的 CEO 和經營管理團隊有願景、有企圖心、有永續經營的理念，且具公正誠信；公司也在經營、管理和產業面上具備有題材性，未來性和成長性，這種公司很適合運用 PEG 來估算股價。

4-15 從財務比率建立股價公式

🚶 第一個公式

股價 P：（由基本面）

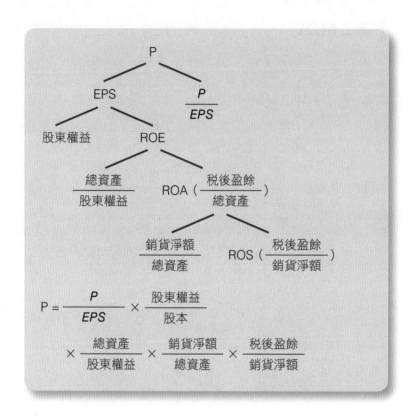

$$P = \frac{P}{EPS} \times \frac{股東權益}{股本}$$

$$\times \frac{總資產}{股東權益} \times \frac{銷貨淨額}{總資產} \times \frac{稅後盈餘}{銷貨淨額}$$

　　上述公式中的五個式子若增加，股價 P 會上漲，但要在合理範圍內。

🚶 第二個公式

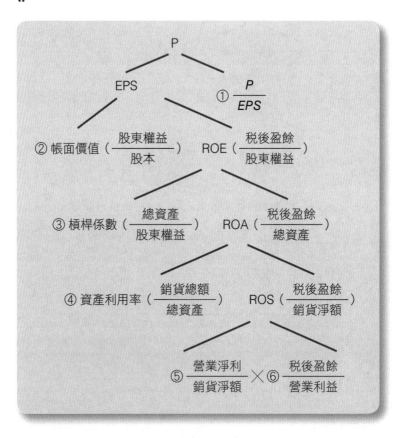

$$P = ① \times ② \times ③ \times ④ \times ⑤ \times ⑥$$

每一個子項都影響到股價,且是正向的影響。

在合理範圍內,①~⑥ 的式子之值增加,都會使股價 P 上漲。

4-16 ROE 的來源和應用

　　股東權益、稅後盈餘與 ROE（Return on Equity）三者互相牽動，ROE 是長期持股的重要指標，下面介紹 ROE 的來源和應用。

❶ 由 ROE 選股，長期獲利可觀：

公式：

$$ROE = \frac{稅後盈餘（淨利）}{股東權益}$$

杜邦公式：

$$ROE = \frac{稅後盈餘}{營業收入淨額} \times \frac{營業收入淨額}{總資產} \times \frac{總資產}{股東權益}$$

　　　　（獲利能力）　　　（經營能力）　　　（財務槓桿）

負債比率很重要，要懂得借錢用槓桿賺更多，但先決條件是利息少（低利率時借錢最好，比現增和發債好）。

❷

(1) ROE ↑（股東權益↓或稅後盈餘↑）→ EPS ↑
　　→可以享有高 P/E

$$ROE = \frac{稅後盈餘（淨利）}{股東權益}$$

(2) ROE ↑，來自稅後盈餘↑及股東權益↓

・買回庫藏股。

・發放現金股息（高）。

・減資

善待股東權益的老闆，再去找錢（借錢，有利於金融業），再努力賺錢（提升盈餘），ROE 再提高，這是好公司，值得長期持股（獲利可觀）。

(3) 股東權益↓，負債比↑

因為向銀行貸款可能會增加，若低利率還持續，增加少量的利息支出，卻能提高 ROE，經營者何樂而不為，這才是為股東負責，永續經營的企業，真正的好企業。

❸ ROE ↑，那 EPS ？ P/E ？ P/B ？股價？隱含利率？營收？獲利？殖利率？

ROE 上升，其他從 EPS 到殖利率都會上升，股價也會上漲。

❹ 股市挖寶：高營收、高獲利、高 ROE、高 P/E、高 P/B → 高股價。

❺ 就是要找尋高營收、高獲利、高 ROE、高 P/E、高 P/B 的股票，這時 P 一定會是中、高型的股票，P ↑，投資人就長期獲利。

❻ 股市投資法寶：具前述五高股性的股票，長抱獲利豐富，是外資最愛，如：台積電、大立光、台達電、研華、晶華酒店、儒鴻等，當然還有其他公司。

❼ 選股方向：

(1) ROE 趨勢向上。

(2) 產業龍頭（權值股）＋ROE 成長 → 外資最愛。

(3) 新藍海造就新龍頭 → 股價具爆發力。

(4) 成長有限＋高 ROE → 股價有撐。

(5) 轉投資過多，ROE 致命傷（下降）。

(6) 看中，找到好標的，買在好價格 → 危機入市（市場崩盤時）

* 股價漲多，就是該股的最大利空。

❽ 買變好的公司，不必買最好的公司，只要營收、獲利逐年成長，公司願意照顧股東權益，拉升 ROE，EPS 就可以拉高，這時就可以享受高 P/B，高股價，高 P/E。

❾ 相中好標的，買在好價格 → ROE 絕對是衡量股價長期上漲的基準。

3 年 > 15% 進場時機

5 年 > 20%、10 年 > 30% 準備出場時機，股價漲多就是利空。

❿ 下列指標可參考：

(1) 連續 5 年（以今年往前算 5 年的資料）ROE >20%。

(2) 連續 5 年 EPS 穩定或穩定成長。

(3) 股價在 80 元之下。

⓫ Buffett 的投資名言中也提到 ROE：

* 投資成功之道，就是要找 (持續) 可以讓股東獲利滾動成長的企業。

* 而高 ROE 就是可以持續滾動成長的必要條件之一。

臺灣不少企業一年的 EPS 約在 2.5~5 元間，每年獲利穩定，卻面臨一個大問題，就是 ROE 太低，很少超過 15%，導致 P/E 無法拉升。如果能透過減資、加發股息、買回庫藏股

之方式為股東權益瘦身，將 ROE 拉高，公司的 P/E 就會拉升，如此一來，股價就會上漲，若長年 ROE ↑，股價長期可以維持高價，投資報酬就會不斷提升，長期獲利可見。

雖然股東權益瘦身是企業不得不做的步驟，若企業的獲利無法再成長，企業經營者就要展現對股東負責的態度。

股東交給經營者多少？經營者幫股東創造多少？總要支持過去，不能說股東給經營者這麼多，經營者只幫股東賺一點點，股東權益瘦身也是經營者壓力，逼使他更賣力經營。

如大立光、豐泰、儒鴻、晶華等高股價，其 P/B 都在 ≥ 10 倍，股價卻在高檔沒掉下來，因為這些公司的經營者都充分將股東權益做了最佳運用。

如晶華：P/B 在 10 倍附近，這麼多年來股價都維持在 300 元以上，晶華獲利其實沒有大幅成長，一年約賺一個股本，P/E 在 30 倍左右，以晶華例子可以看出幾家高 ROE、高股價、高獲利的公司，每家的 P/E 和 P/B 都很高。

EPS 和 ROE 之不同：EPS 是用股本來計算股東可以分到多少利潤。

可是股東交給經營者的不是只有股本，而是整個股東權益，因為股東權益才是真正的成本。

所以投資人應該要求的是股東權益報酬率 (ROE) 多少，而不是 EPS 賺多少，因為 ROE ↑，EPS ↑。這是在觀察企業本質上很重要的一課，所以巴菲特一直強調：你要看的是 ROE，不是 EPS。

例如，如果 EPS 都賺 5 元

A 公司股東交給經營者 20 元股東權益

B 公司是交給經營者 60 元

你會選擇投資哪家公司？若兩家公司的 ROE 都不變，當然是選 A，因為它用較少的資源創造一樣的 EPS。

當然你有 60 元的股東權益可用來投資，選一家 B 公司，不如選 3 家 A 公司，因為 B 公司可以一年創造 EPS 5 元，買 3 家 A 公司可以創造 15 元獲利。

但若考量 B 公司的財務結構比 A 公司好，及清算 B 公司後可拿回較多的權益，所以 A 公司的 P/E 從獲利觀點應該是 B 的 3 倍。

要推論一家公司的長期股價趨勢，要留意下列幾個關鍵：

❶ 不能只看當年的 P/E 或 EPS。

❷ ROE 才是為股東創造獲利的來源及重要之依據。

❸ 至於 P/B 是最落伍的觀念，投資一家公司難道是要面臨清算嗎？

❹ 市場常以 P/B 去判斷一家公司，認為 P/B 愈低，愈值得投資。

❺ 但若長期用 Big Data 去分析上市、上櫃公司的表現，那些 P/B 愈低的公司，長期股價就是漲不動，因為 ROE 不好，經營者並沒有將股本權益做有效率之運用。

總結：股東權益之涵義，就是你拿了我投資人多少的股東權益，就應該幫我創造更多的報酬率。

ROE 等資訊可以提供你長期獲利，但多長時間則須考量影響股價的 core factor → CEO 及其經營團隊，尤其是 CEO 決定你持股時間的長短，所以除了量資料的 ROE 等之外，還

要更深入探討其他資料，尤其是 core factor。

ROE 會影響股價，趁股價拉回布局，以下是幾個重點：

❶ 高 ROE 會幫股價滾出高獲利，若長期 ROE 都高，股價自然維持在高檔且是高獲利，因此要慎找連年都有高 ROE 的股票。

❷ 有連續高 ROE 的股票，若已漲高，不要追價，等拉回再布局。

❸ 存股投資第一要件就是要找連續數年 ROE>20% 的好公司、好老闆，波段操作也是一樣。

4-17　P 和 ROE 的關係

❶ 股價 (P) 和 ROE 的構成：

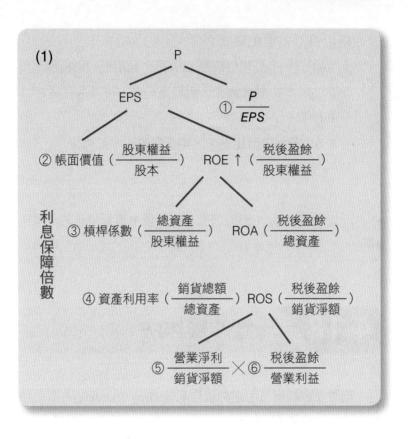

(2) P = ① × ② × ③ × ④ × ⑤ × ⑥

① 本益比 ↑

② 帳面價值 ↑

③ 槓桿係數 ↑

④ 資產利用率 ↑

⑤ 獲利力 ↑

⑥ 獲利力 ↑

⑦ 股價上漲

❷ 股價和 ROE 的關聯：

ROE ↑ → 公司借錢使 EPS 高，利用低利率槓桿再將
　　　　　 錢賺回來，對股東負責，可以享有高 P

P/E ↑

P/B（股價淨值比）↑，顯示營收高、獲利高

→ 股價高

因此 ROE 愈高，對股價有利，若現金流量是正的，就更
好。

4-18　當沖操作法

指數及個股皆可用逆勢操作系統 (Day Trending)，有助找
到理想的投資價位。

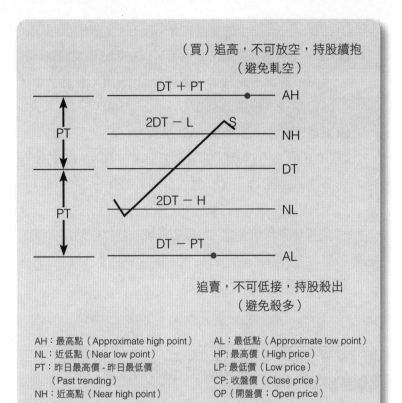

AH：最高點（Approximate high point）
NL：近低點（Near low point）
PT：昨日最高價 - 昨日最低價
（Past trending）
NH：近高點（Near high point）

AL：最低點（Approximate low point）
HP: 最高價（High price）
LP: 最低價（Low price）
CP: 收盤價（Close price）
OP（開盤價；Open price）

$$DT = \frac{H+L+2C}{4} \rightarrow 需求量$$

H: HP 最高價，L: LP 最低價，C: CP 收盤價

AH = DT + PT，NH = 2DT– L

AL = DT – PT，NL = 2DT – H

PT = H – L

❶ OP 的決定通常是由市場買賣雙方心裡期望合理價的
折衷後形成的，因此影響到當天的走勢，因此 OP 開

在 DT 中 5 個數值的哪個位置，是一個重要的判斷關鍵。

❷ OP 在 NL~NH 間時，交易者可以在近低價位買進，在近高價賣出，或在近高價位 (NH) 賣出，在近低價位 (NL) 買進，波動不大時。

❸ 須當日平倉，否則應以 CP 平倉。

❹ OP 在最高價 (AH)，或最低價 (AL)，顯示行情跳空開高或跳空開低，是一個大行情的發動，因此可以在 AH 追買，在 AL 追賣。

DT 的操作要當日平倉。可以在最後一盤以收盤價（CP）平倉。

適合採用當沖買賣的投資者。

4-19 整合淨值組合投資法

🧍 整合淨值投資法（Integrated Net Value investment method）：

❶ 追蹤外資，投信，自營商和主力的持股。

❷ 買股就是不能被套牢，要擅用停利，停損和資金配置，手中隨時擁有現金就是王道。

❸ 要有風險投資的觀念，股價在高點時要不斷的降低持股，獲利達到目標就要停利出場（可依自設停利點或從技術面尋找停利點出場）

❹ 順勢操作（可以選在趨勢線上的股票）或追逐強勢股票（突破前高或突破型態出現第 1，2，3 的買點或走上 N 型的轉強股或強勢股選做整合淨值組）淘汰弱勢股票（跌破停損 場，可自訂）順勢操作可採 trend line 法（即依 Major 和 Minor 的趨勢線操作）。

❺ 運用整合淨值檢視盈餘或虧損狀況，而非單一股票，合乎停利就要出場，若賠錢也要以小損失停損出場，停利停損可自設百分比執行。

值得推薦的整合淨值組合投資法，能建立起良好的心態與觀念，有助整體資產配置，成為市場贏家。

❶ 在投資市場不管你多富有，還是要建立風險控管，何況是一般人，這是累積財富的方法之一。

❷ 在股市中要賺錢，一定要盯住外資、投信、自營商、大戶、實戶及懂得操盤的人，和使自己不斷精進。

❸ 寧可少賠，不要套牢，在股市中隨時要有現金，是王道的觀念。

❹ 投資股票要賺錢，一定要有勇氣追高殺低（順勢操作最強的股票，放空最弱的股票）。

❺ 要做好風險控管，尤其在股市或股價不斷攀高時。

❻ 投資股市要有整合（組合）淨值的觀念，才不會被股票套牢。

❼ 採用整合淨值組合操作法加上強勢股，只要抓住買點，採用 Buy & Hold 的方法，再做好停利動作，你就是贏家（但不要忘了，題材面、基本面、籌碼面及加上進、出場的技術面）。

❽ 整合淨值組合投資法重在選股，選對了，風險自然降低，那既然會選股，為何不押單支呢？理論上，你都會說是筆者會選股，但卻不然，要能選到單支好股又賺錢，除非你是董監事會、老闆，況且法人都不敢這麼說時，你憑什麼？自信會得分，但自滿就永遠失分（除非你能穩、準、狠）。

❾ 依資金配置選股：

(1) 依資金配置操作整合淨值組合法，選強勢的三到五支支股票。

(2) 設定週期（天數或週數皆可）。

(3) 要賣出時，可以計算總市值及總成本：
若總市值 > 總成本（賺）；反之就是賠。
若是選對股，賺的機會比賠（小賠）高，此種方法易賺。
以上適合操作短線及波段。
至於存股不在上列，但資金配置必有 1/3 放於存股，未來獲利可觀，但要有耐心，操作存股不要在乎股價漲跌，選對股就長期持有，隨時以定時定額或不定時不定額（股價回深時）買進，以複利操作，必為贏家。

❿ 整合淨值組合法如何賣：

(1) 在週期到時賣出。

(2) 在總市值 > 總成本的一個成數時賣出。

(3) 若不幸選錯股（通常選到轉強股或強勢股都會賺）；在小賠時賣出，換股操作，絕不能賣強留

弱，再攤平操作，這樣會愈攤愈貧。

(4) 整合法可以練功，讓自己選股能力更強，如此，就更容易賺錢。

⓫ 整合淨值投資法：

(1) 瞭解法人、主力心態。

(2) 寧可少賠、不可套牢，現金是王道。

(3) 要有風險控管的觀念，高點應該不斷降低持股。

(4) 順勢操作，追逐最強勢股票，殺最弱勢股票。順勢操作可採用 Trend line 法。

(5) 整合淨值檢視盈餘狀況，而非單一股票。

　　在股市中（其他投資市場亦同）要成為贏家，要有組合投資整合淨值的觀念：一次投資三到五支股票，以一個週期為盤點的基準，總資產有賺到合理利潤，就將整個組合賣掉（組合內的股票有賺有賠，但資產淨值是增加的），不能用組合內個股計算法，想每支股票都賺錢；有可能是你會先賣賺的股票，賠的又捨不得停損，一直等待，或往下加碼，結果愈套愈多（因為這支股票本就不好），採用這種單股獲利的方式，結果是愈套愈多，獲利被吃掉，也減少投資其他好股的機會，因為你的資金被套住了，要贏就要將手中的資金活化變成有機會成本的概念，這是很重要的投資操作法。

4-20 瞭解外資的操作和因應

外資在臺股有呼風喚雨之能力，進出動向左右市場，所以瞭解外資的操作才能成為贏家。

❶ 外資在喊調升指數或個股目標值時，若指數或股價已在高檔，則要先賣或做空；反之，外資在喊調降指數或個股目標值時，此時指數或股價已拉回一段或在中低檔，則要注意逢回買進→逆勢操作。

外資若在喊進指數或股價，而指數或股價在低檔時，則可以跟進；反之，外資在喊出指數或股價，而指數或股價在高檔時，則應跟進賣出持股或放空→順勢操作。

❷ 外資不斷在調高價格時，就是在準備出貨，若不斷在調低價格時，就是在準備進貨。

❸ 外資全面喊進某檔股票時，就是近高點，（因為股價已漲了一段，喊進為了出貨），當外資全面喊出股票時，就是低點（因為股價已跌了一段，喊出為了買進），外資喊目標價是打個 8 折 ~85 折，就是合理價。

❹ 外資大賣持股時，股市也是將落底時；若外資大買持股時，股市也是將近高點時。

❺ 外資在期指布空單，現貨布多單時，會想辦法打壓手中無多單或少多單的現股，為低指數，賺期指空單，然後再拉抬手中多單的現貨賺現貨差價，兩邊都賺，

故應小心應付，可隨外資手法操作，空指、多現。

❻ 外資與政府對做，依過去之經驗，都是政府贏。

4-21　如何從 KD 指標放長空、中空和短空

瞭解指標 KD（隨機指標；Stochastic Oscillator）是 George C. Lane 在 1957 年所創，已有 60 年的歷史，極具參考價值。KD 在空頭市場的應用，可以幫助投資人在股市表現不佳時也能賺到錢，下面分別介紹長空、中空、短空的操作方法。

❶ 教各位做長空的方法（會賺）：

　＊從月線中：

　(1) 第一次空點：

　　　K<D<80

　(2) 第二次空點：

　　　K<D<50（加碼空）

　＊回補時機可以參考 5-6，以上放空一定賺錢，只是賺多少和選股的問題。

❷ 放空方式：

　(1) 月線若出現上述狀況，則放「長空」。

　(2) 週線若出現上述狀況，則放「中空」。

　(3) 日線若出現上述狀況，則放「短空」。

❸ 放空的延伸：

(1) 上述三種方式若在高檔出現第二次死亡交叉向下，可以加碼放空。

(2) 若每次死亡交叉向下時，出現第 2 條中長黑 K，可以再加碼放空。

4-22 KD 之理論和應用

🏃 KD 理論

　　隨機指標 KD 線之理論來源：KD 線 (Stochastic Oscillator) 是由喬治藍恩 (George C. Lane) 博士所發表的一項適宜中短期操作的指標工具，它整合 RSI、MA 線及動量指標的優點，宜用於敏感度高、短期的投資標的，KD 線原使用於期貨投資中，由於期貨投資敏感度及風險高，因此 KD 線廣被使用，近期 KD 線被引用在股票投資領域中，亦適於股票中短期操作之用，它是採用日線 9 天、週線 9 週、月線 9 月的週期來做分析基礎，在求 KD 值公式之前，需先求初始的隨機值 RSV (Raw Stochastic Value)。

$$RSV = \frac{C_9 - L_9}{H_9 - L_9}$$

C_9：第 9 日收盤價

L_9：9 天內最低價

H$_9$：9 天內最高價

再依平滑移動平均線的方法求 K 及 D 值之公式如下：

$$當日 K 值 = \frac{2}{3} 前一日 K 值 + \frac{1}{3} RSV$$

$$當日 D 值 = \frac{2}{3} 前一日 D 值 + \frac{1}{3} 當日 K 線$$

K 線是快速平均線，D 線是慢速平均線，因此 K 線在高檔會跌破 D 線，而在低檔會突破 D 線，因而形成買賣的時機，至於買賣的最佳時機在下文中詳述。

KD 範圍：0 ≤ KD ≤ 100

KD 在 50 以上屬於多頭市場，買氣強；KD 在 50 之下屬於賣方市場，賣壓大。KD 線具有隨機波動之觀念，因此掌握中短期的走勢相當精確。

KD 線使用原則

如同 RSI 指標，KD 指標亦有使用的一些原則，茲列出以供參考：

❶ K 值在 80 以上、向下跌破 D 值，為賣出訊號；K 值在 20 以下、向上突破 D 值，為買進訊號。

❷ 隨機指標 KD 在圖形上與股價或指數產生背離時，視為買賣訊號。

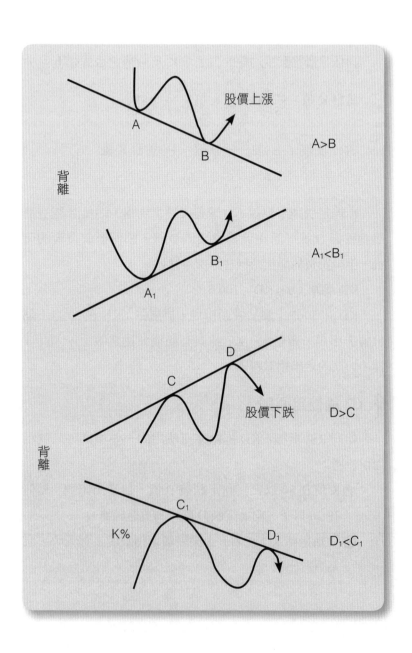

KD 操作整理

KD 的買賣點：當 KD 值出現下列情況，表示買賣訊號浮現。

❶ K>D>20 黃金交叉，且帶量中長紅 K，買進。

❷ K>D>50 黃金交叉，且帶量中長紅 K，加碼買進。

❸ K>D>20 黃金交叉且出現第 2 支帶量中長紅 K，加碼買進。

❹ K>D>50 黃金交叉且出現第 2 支帶量中長紅 K，加碼買進。

❺ KD 在 20 以上連續二次黃金交叉，且帶量中長紅 K，但在 50 之下，可以買進，等站上 50 再加碼。

❻ 若 ❺ 中，和 ❶~❹ 一樣在黃金交叉後出現第 2 支帶量中長紅 K，可以布局買進。

❼ 賣點改成 80（小空，設停損 6%，賣）和 50（加碼賣，加碼放空）。

上班族操作方式

上班族若想長線投資，可以從月線的 KD 去著手，有幾種方法可使用。

❶ 最簡單的投資法：

K>D>20 時，買進。

K<D<80 時，賣出。

因為 1 個月 1 個 K、D 值，要能判斷買賣的時機，需要一段時間，因此適合長線操作者，這種方法會賺錢但要很有

耐心，因此才有投資者從週線 KD 找中線的操作法，這種中線操作法就更適合上班族，可以比月線早些知道操作實績（報酬率），至於月 KD 最適合懶人操作，因此又稱為懶人操作法，這種操作法會賺錢但不是最好的方法（買賣點出現時要在場看到，因為採用月操作，時間間隔長，有時失去買賣的時機），所以也有失敗的時候，沒有一種方法是可以絕對賺大錢的，只有相對比較下可以賺到錢的方法，下面再介紹其他投資報酬率較高的月 KD 操作法。

❷ 月 KD 的操作：

當 K>D>20 時，若帶量中長紅突破前壓，就是買點。

當 K<D<80 時，若出現中長黑，但不一定要帶量，這時是停利出場時機。

❸ 長線月 KD 線的操作：

若 K>D>20，出現第 2 支中長紅 K 且帶量時（第 2 支紅 K 的收盤＞第 1 支紅 K 的收盤），是進場時機，勝率更高。

反之，K<D<80 時，出現第 2 支中長黑 K 時，是停利出場時機。

❹ 長線月 KD 線的操作：

若出現第 2 次 K>D>20，且第 2 個底高於第 1 個底（雙底型態，右底＞左底），並且有帶量中長紅 K 出現，此時可以再買進。

若出現第 2 次交叉是在 K>D>50，且第 2 個底高於第 1 個底（雙底型態，右底＞左底），並且有帶量中長紅 K 出現，此時可以「加碼買進」。

反之，K<D<80，出現 M 頭，且右肩低於左肩，K 線帶中長黑，但不需有量，此時要停利全數出清存貨（若在第 1 次交叉向下時沒賣清）。

而且 K、D 都在 20 以上打了 3 個底，第 3 個底還是在 50 之上，如果理論沒錯，這支股是有機會上攻的。

❺ 長線月 KD 線的操作：

若出現第 2 次交叉是在 K>D>50，第 2 個底高於第 1 個底，並且第 2 支帶量中長紅 K 出現，此時也可以「加碼買進」。

若月 K 跌破月 D 形成死亡交叉，可以放長空，若又低於月 KD 低點，可以放長空；若週 K 跌破週 D 形成死亡交叉，因其在 50 之上，放中短就好，除非跌破 50 才加碼放中長空。

🏃 操作長空方法

從月線中找空點：

第 1 次空點：K<D<80

第 2 次空點：K<D<50（加碼空）

回補時機再告知，以上放空一定賺錢，只是賺多少和選股的問題。

4-23　MACD 之應用

MACD（Moving Average Convergence and Divergence）適用於中長線操作，也適合上班族操作，以下介紹理論來源與使用原則。

MACD 理論與來源

MACD（Moving Average Convergence and Divergence, 平滑異同移動平均線）是依 MAL 的優點所研發出來的技術分析工具，MACD 是應用長期平滑移動平均線。

請參考筆者著作之《投資技術分析》MACD 一章。

MACD 使用原則

❶ DIF 與 MACD 在 0 軸之上為多方市場，DIF 與 MACD 在 0 軸以下為空方市場。

❷ 可以採用 MACD 或柱形圖之背離，來研判股價走勢。

❸ 當 DIF 突破 0 軸，可視為買進訊號。

　 當 DIF 跌破 0 軸，可視為賣出訊號。

　 上述之操作方式準確度較差。

❹ 平滑異同移動平均線 (MACD) 之研判。

綜合整理

MACD：

→ 0 軸以上多頭

　 0 軸以下空頭

→ 0 軸以下：

DIF > MACD；買，反彈

0 軸上：

DIF > MACD；加碼，二次交叉再加碼

→ 0 軸上：

DIF < MACD；賣，不放空，二次交叉下跌才放空

0 軸下：

MACD > DIF；賣，放空

→ 背離探討

→ 切線探討

→ 柱形圖之探討

有關 KD、MACD 和型態學的多空判別，可參考《投資技術分析》一書。

(1) 指標 KD：

多頭：P.285、P.297、P.299、P.300、P.301、P.344、

P.392。

空頭：P.353、P.358、P.359、P.369、P.373、P.394。

(2) 指標 MACD：

多頭：P.325、P.344、P.358、P.369、P.385、P.392。

空頭：P.303、P.316、P.321、P.353、P.369、P.373、

P.394。

(3) 型態學：

多頭：P.344、P.358、P.373、P.385、P.390、P.392。

空頭：P.353、P.354、P.385、P.388、P.394。

4-24　買股心得

　　在本節中提出筆者個人的買股心得以供參考，當股票出現下列情形時，可留意找買點。

❶ 外資買進（或三大法人買進）。

❷ 融券在高檔。

❸ 融資在低檔。

❹ 股價的底部形成。

❺ 業績轉好或轉成長。

❻ 有新的訂單。

❼ 本益比低。

❽ 股價淨值比 < 1。

❾ 技術指標開始轉好或技術線型已打出底部或轉好。

❿ 底部開始出量：

$$PEG = \frac{P/E}{G} < 1（P/E：本益比，G 是成長）$$

$$P/E = \frac{CP}{EPS}（CP：收盤價；EPS：每股稅後盈餘）$$

　　以上的條件愈多，對股價或指數的上漲愈有利，因此要掌握買進時機。

⓫ 在上列條件催化下，股價都會有循環變化，其過程如下：

　　一支股票經拉回整理，也完成了底部整理，開始有題材、有業績，也有籌碼鎖住，在經過 3 個該買進的買

點後（其中包含 Granville 的第 1 點）：

(1) 開始反彈，反彈過程中會遇見前波轉折點，若這
個轉折點位置較低，通常會突破，此時可以持股
續抱。若有竭盡缺口也會反彈封閉，因為位置低，
因此可以續抱。當股價持續反彈到較高轉折點
時，最好先停利出場，等突破拉回測試支撐成功
後再進場。若有下跌的突破缺口，也會封閉，但
彈幅已大，最好都先停利，等拉回測試支撐成功
再介入，當然也可以換股以同樣方式操作。

若反彈過程中，上有下降的 MAL（空頭排列），
而且是中、長天期的，就要特別小心，若下降角
度大（超過 45 度以上），反彈到此無論是否突破
MAL（假突破）都要先停利出場，若 MAL 下降
的幅度較小（45 度內），股價還是會做假突破，
因此，突破後還是要停利出場，若無法突破，仍
然要停利出場，等到 MAL 走平或翻揚時，就可
持股續抱，不用在乎股價的震盪，整理完後，股
價還會再攻。

若股價反彈到 MAL 時，上頭的 MAL 是上揚的，
持股可以續抱，不用在乎股價的震盪，股價整理
完再攻的機會高。若是短天期的 MAL，只要角度
不陡，可以持股續抱等 MAL 翻揚。若從底部反
彈過程中遇見前波轉折點且上頭有 MAL 下壓，
這時不管 MAL 是短、中、長天期或是下降角度，
只要是下降的 MAL，就一定要停利出場，等

MAL 翻揚後再進場做多，切記，這是贏的法則，至於 MAL 的運用是配合 Granville 法則第 6、第 7 點的應用，也可以做放空的操作。

(2) 在反彈過程中，若有題材、有業績、有籌碼，股價在上漲過程中，原先下跌的 MAL 會從短天期的 MAL 先翻揚，之後股價在陸續上漲的過程中，諸 MAL 會逐漸回復到多頭排列，在諸條 MAL 回復多頭排列的過程中，操作方法會配合 Granville 的第 2、3 點運用，當股價拉回、MAL 上揚都是買點。

(3) 之後若 MAL 形成多頭排列，股價拉回也會遇見上述的狀況，也是會運用到 Granville 的第 2、第 3 點法則，因為 MAL 是上揚，股價拉回是買點。

(4) 若一支股票完成漲幅，從高檔反轉而下，會遇見 Granville 的第 5 點，股價開始走空，在型態學上就是頭部（M 頭，頭肩頂等），股價在下跌過程中，會跌破 MAL。若 MAL 翻轉而下，持股要停損出場（此時 MAL 會開始翻空，逐漸形成空頭排列），遇見缺口時會回補，但回補完再跌的機率高，因為空頭市場已逐步在形成中，所以任何反彈遇見下降的 MAL，都是賣點，也可在反彈時反手放空，放空點是配合 Granville 的第 6、7 點。

(5) 若股價已拉回整理完成開始反彈（鎖碼上漲），會符合 Granville 的第 1 點買進點，或上述提到的 3 個買點，然後等待反彈，反彈過程如第 (1) 段文

字所敘述。雖然是多、空排列，也要等到買訊、賣訊或放空訊號出現再進場操作，要有耐心、恆心、經驗、操作技術和優質的投資操作心態，才會成為贏家。

4-25 如何選股

如何挑選賺錢的股票，可從題材面、基本面、產業面、籌碼面等方向檢視，透過多空操作，從中獲取豐厚報酬。

❶ 找股方式：（包含賣股及放空）

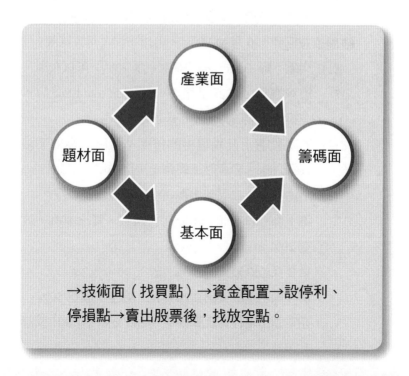

→技術面（找買點）→資金配置→設停利、停損點→賣出股票後，找放空點。

❷ 操作：

(1) 從三大法人買進中去找股票。

(2) 然後從這些股票中去找線型轉強（或轉弱）的標的：

- 在高檔：突破前高拉回測試頸線成功的第②③點買進；反之放空。

- 在中、低檔股價突破平臺或型態整理的第①點及突破拉回測試頸線成功的第②及第③點買進；反之放空。

- 股價行進或整理中因題材（如二胎化）而跳空漲停，可以等拉回量縮缺口不補時買進；反之放空。

- 找三線合一或匯集的股票；反之放空。

❸ 股價拉回到 120 月 MAL 時，可以布局（月 K 線圖）。

(1) 突破下降 Trend line（紅 K+ 量 +3%）可以布局，短線應對，尤其是第 1、2 條 Fan trend line 時，在第 3 條突破時，才正式加碼作多。

(2) 若是股價上升過程中的拉回：若股價突處下降 Trend line，表示股價轉強，可以布局。

(3) 上述 (1) (2) 二點若出現在空頭則賣出及放空：

第 1 條 (Major Trend line) 若跌破，賣出 80%，放空 20%。

第 2 條若跌破賣出 30%，放空 30%。

第 3 條若跌破賣出 20%，正式轉空、放空 50%。

在空頭市場任何反彈跌破 Trend line，皆賣出或放

短空。

在週線中，若 6 週 MAL 是走翻揚可布局；反之，賣出等放空。

❹ 在月線中，若 6 月 MAL 走平翻揚可布局；反之，賣出等放空。

在週、月 K 線中任何的黃金交叉與股價位置布局（過高等股價拉回量縮再買進）。

反之，在死亡交叉時，也是要依股價的位置賣出及放空（可以等反彈，出現逃命線時賣出或放空）。

在高檔（或 0 軸上），DIF < MACD 賣出。

在 0 軸上，DIF > MACD，加碼買進。

在 0 軸下，DIF < MACD，買進。

柱形由負轉正，可以買進，直到柱形縮小；反之柱形由正轉負，賣出，等放短空，直到柱形縮小。

還有其他技術分析方法皆可找標的。

❺ 重要關鍵：

(1) 一支股票有業績（基本面）、有題材面，也是一支即將到來的旺季股，但此股有關價壓力。這種股通常在關卡之前會來回震盪整理（貼著 5 日 MAL 上下移動），短線高手可以來回操作（在 1 條長紅 K 鎖碼量之後），採用量縮買進，量大出貨方式進出獲利，等到接近旺季前，有籌碼面出現，此時該股會以大量紅 K 站上關卡，這時短線操作結束，等該股拉回測試不破關卡價時加碼操作波段，也可以採用底部 3 點買股方式進場鎖碼，

等待較大的獲利，但還是要設停利，甚至停損（看錯資料時）→以105年3月4日的智冠為例，小心利多出盡時。

(2) 當一檔股票在低檔或中低檔整理相當長一段時間（1個月、3個月或半年），若出現量價齊揚（有量，旱地拔蔥量，中、長紅K）時，這支股就不會寂寞，漲勢形成。

買點如下：（包含賣出及空頭）

- 價穩量縮或形成極度萎縮的成交量。
- 出微量及中小紅K，形成凹洞量。
- 出現旱地拔蔥之量及中長紅K，在盤中進場。
- 拉回量縮。
- 突破3日之中長紅K時。
- 劃出上升 Trend line，跌破出場。
- 或以5日線為停損（跌破3日沒站上，或5日線下彎）。
- 跌破型態M頭或頭肩頂之頸線或逃命線形成時做空。
- 跌破第1條 Major trend line 小空 (20%)；第2條中空 (30%)；第3條長空 (50%)。

❻ 之前提過的操作方法，再次提醒：

選股：股價拉回到價穩量縮時，就準備布局。

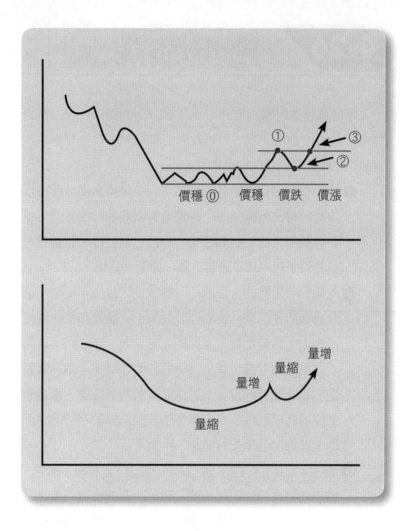

→ 價穩量增 ⓪，可加碼。

→ 價漲量增 ①，大幅加碼。

→ 價跌量縮守住支撐 ②（旱地拔蔥後之價量）。

→ 價漲突破 ① 之高點，量同步增加，再布局 ③。

4-26 如何操作存股

　　存股是增加財富的方式，運用定時定額操作，經由複利製造可觀的投資報酬率，只要政府的股利稅率政策有修改，存股是值得長期投資的理財方法。

❶ 提供存股的實例給各位參考：只要每年拿出自己可以支配所得的部分資金，你將會有很豐碩的退休金，不必靠政府，也不必靠公司，靠自己就可以，而且在退休的日子裡，可以過得優雅、樂活、悠活。

❷ 如果你有足夠的人生餘命，應該要開始每年提撥一部分資金放在高殖利股的存股投資上，讓複利幫你滾出更多的財富自由度，並採用定時定額、不定時不定額（被錯殺的存股，在拉回時再以不定時不定額加碼買進）和高配息的滾入，製造更多的複利效果，那是你最棒的老年退休金，不靠政府、不靠老闆、不靠別人，完全是靠自己掙來的另外一片天。

❸ 最近大家都在討論年金、長照怎麼做，但都緩不濟急，倒不如將自己的「現金流」做大，有機會買一本《富爸爸，窮爸爸》來看，多看幾遍你會有很大的心得，就是如何將現金流和財富自由度做大，「複利存股」是最好投資方式之一，很多人都知道複利效果長期的效果驚人，但為何做不到？我舉實際的案例給各位過目，看完後再做定奪，或我再給你完整的答案；你若

感覺將所有的資金投入一個籃子你沒信心，之前也提示過你可以將可支配的資金分成三份：一份操作短線、一份操作波段、一份操作存股。我給各位看以下的案例，主角是將資金（包含年終）分成二份、一份短線、一份存股，就請各位參考之，感謝這位蔡海茲先生的存股資訊，末頁是我的後記。

❹ 三檔高股息，養我一輩子（定時定額的操作方式及應注意事項）：（可參考黃萍撰文的三檔股票養我一生）

今年 39 歲的研究機構職員蔡海茲！從 92 年開始，他每年拿出 30 萬元存款，固定投資三檔高配息股，三檔股票每年配發的現金股利，也在下一年度與自己的存款一起滾入，投資相同的股票。

6 年下來，他從口袋拿出來養這個現金流果樹的本金只有 180 萬，但三檔股票含配息、配股、再加股價增值，合計市值已達 303 萬 6,000 元，累積報酬率 168.67%，平均年報酬率達 16%。假設蔡海茲把相同金額的資金，存在銀行放定存，6 年下來，利息只有 10 萬多元，年報酬率相差 14% 之多。

儘管 97 年發生金融海嘯讓臺股重跌 46%，據他估算，每年光靠股票配息就可以領超過 72 萬元，平均每月可領 6 萬元，至於現在，這個現金流果樹，每月就可為他產生近 3 萬 6,000 元的股息收入。

用這套方法，最大的好處是，不必管股價波動、不怕股災，也能賺進穩定的現金流，「這等於是自己 DIY

退休年金，而且是活多久、領多久，最可能愈領愈
多！」

蔡海茲會想出這套方法，是被羅勃特 · 清崎(Robert T.
Kiyosaki) 的一句話啟發，他說：「好資產，必須能為你帶來
持續性的收入。」高股息就是這樣的好資產。

按照清崎的建議，把配股、配息滾進投資帳戶，隨著投
資股票的市值長大，配息跟著大增，「如果 1 年配息足夠 1
年生活之用，只要投資的公司不出事，股票就不必賣，錢就
會一直流進來！」蔡海茲分析。

那段期間，先後發生亞洲金融風暴、網路股災，中鋼股
價從最初買進的 29.5 元，最高漲至 36 元，到 2000 年後某天
收盤，跌到 19.9 元，但仍能創造每年平均 7% 的利息收益，
比做價差安全、簡單，獲利又比銀行定存高又穩，蔡海茲因
此打算，除中鋼外，再挑兩檔高股息股，問題是「股票要怎
麼挑」？

蔡海茲以中鋼為範本，挑選業績長期穩步成長，財務穩
健的產業龍頭股；其次是公司股利政策要穩定，即使遇到景
氣不佳，仍可用保留盈餘來分配股息。對此，嘉實資訊副總
經理王錦樹分析，高配息股因長期財務和績效穩健，除權除
息後，多半能填息，基本上股價波動不大，長期投資很有利。

蔡海茲花 1 個多月詳讀財報確認，由於設定投資金額是
1 檔股票 1 年投 10 萬元，因此從本益比在 10 倍以下、股價
在 20 元以內的股票篩選，最後選出中鋼、台橡、超豐三檔高
配息股。

前 3 年時，現金股利只小幅增加，但比起做賺價差，這裡的操作不需貼盤太近，也不會焦躁，蔡海茲已經很滿足。到了第 4 年，資產增值加速，尤其是台橡，每年累積的現金股利以 1 倍左右的速度成長，「再做 4 年，每月累積到 6 萬元以上，我就不用工作，可以提早退休了！」

雖然，這兩年景氣不好，股利縮水，但蔡海茲評估，這只是短期影響，而且定額投入的 10 萬元可買進更多的股數，果樹的規模反而增加得更快，配息收益甚至可能大增，讓他不必再等 4 年，就能提前退休。「現在，正是執行這方法的黃金期，可以把你失去的退休金再『存』回來。」蔡海茲說。

玉京財經資訊執行長汪潔民指出，蔡海茲的投資策略，其實上市櫃企業的老闆都是這麼做，「用股票複利滾錢，才是真正有錢人會做的事！」更重要的是，執行這方法並不難，從現在開始，你就可以執行！

🧍 養股術

❶ 挑出值得投資的股票：

(1) 公司財務長期穩定：過去 10 年、營收穩定成長，資本支出少、自由現金流量充裕，獲利不一定要年年成長，但長期呈上升趨勢、原則是：近 3 年每股稅後盈餘 (EPS) 平均值 > 近 5 年平均值 > 近 10 年平均值。

(2) 過去 5~10 年的股利政策均衡而穩定。

(3) 公司是產業龍頭。

(4) 依你每年可投入預算，挑選股價適合的標的。

❷ 進場執行：

(1) 第 1 次買股，可用兩個原則注意買價：本益比在
10 倍以下，買進股價是否夠便宜？可用股價淨值
比 (PB) 及股票本益比與稅後純益比率 (PEG) 做參
考指標，愈低就愈具投資價值。

(2) 採定期定額方式投入：

在累積到夠你用的現金流之前，現金股利一定要再滾入，
不能領出來，直到累積到足夠現金流後，不用賣股票，就完
全可以靠現金股利過日子。

❸ 追蹤與調整：

(1) 每年檢視數據：查看營收、獲利的數據，若 5 到
10 年期長線走勢往上，就可安心續抱。

(2) 留意經營狀況：當出現年度虧損時，要開始注意
接下來的經營表現，若第 2 年產業景氣沒問題，
公司營收和獲利仍大幅衰退，就要全數出清，換
股執行。

❹ 不斷的心理建設：

(1) 不受股價漲跌影響：每年買股時，不要受股價起
伏影響，因為你是要賺現金流，不是賺價差。

(2) 堅持長抱：堅定的持續長抱，連存 10~15 年都不
去動用，股票複利的效果是非常驚人的。

小心企業會調整股利政策，例如向來採高股利政策的鴻
海，就曾調降股利。長期執行須小心如果公司獲利不佳，有
可能發不出股息。在產業與景氣出現變化時，注意個股經營、
股利政策的調整，建議每年檢視一次。

投資提醒

❶ 儘早得到第一桶金進行定時定額投資，否則就要採用每月、每週方式，因為每月、每週的第一桶金較少（但時間短、緊迫，除非你是上班族，否則不可能提早做定時定額）。

❷ 提早進入市場，愈早進入採用定時定額投資，愈能提早享用現金流，也能提早退休海闊天空，不必朝 8 晚 10 的辛苦上班。

❸ 手中若有小筆資金（就當第一桶金）就開始投資，以後收入增加，就可以增加投入金額。

❹ 若資金更多，則可以採用不定時不定額方式投資，投資報酬率更可觀。

❺ 有了 ❶~❹ 的計畫，開始要做 Do（找股）及 See(check-up)。

❻ 還有其他有效率的操作方法。

蔡先生每年初投資 30 萬買進三檔殖利率 5% 以上的股票，若買 8 年，他每月可進帳 6 萬 5，他才 39 歲，預估最適合退休年齡的 50 歲，他投資了 12 年，屆時每個月可以領息 10 萬，加上本金 360 萬，退休後可以慢活、悠活、樂活，屆時是每個月可拿到 10 萬，隨著年齡，這個現金流也會愈大，以後每個月領的息值都超過 10 萬以上，何況你的收入還不止這部分；再談另一位吳先生的投資布局，50 歲時，他每年拿出他收入的一部分 50 萬（每年 50 萬）放入存股，年初和年中買進，各 25 萬，精挑 6% 以上的好股買進，到如今 15 年，

不包含本金，目前每個月可領 30 萬，等於 1 天可領 1 萬，若繼續放，可領的金額逐步增加，這些錢領得很穩固，當然存股也有停利出場時間，至於其他資金可以去做別的投資工具理財，或去操作部分的短線和波段，讓自己退休金收入更好更多，但是要好好研究精於選股，有人可以在短線或波段中以 3 年時間賺到 3,000 萬，投報率是 3 倍，但風險也高，但若認真努力操作短線，波段都會幫你賺很大，至於搭配存股是可以降低風險，而且存股是一筆穩定的收入，也是未來的退休金，若再包括你的其他收入，就非常好過日子，也不用靠政府靠公司，靠自己就可以，大家都知道，為何蔡先生和吳先生都做得到，很多人卻做不到？

其實你若是薪資家庭，又住在臺北這個高消費的城市，又要養家，到了 50 歲每年都要拿出一小部分的 50 萬（其他還要生活，小孩費用，和其他投資）還真不容易，除非你在公司快速進入高層，而這家公司的股價又在中高（50~100，當然 100 以上更好），你就靠買自家公司的股票加入配息滾入複利，就可以過非常好的退休優質生活，否則你就要做好投資理財，你知道有錢人大老闆是如何累積財富，就是不斷的買進自家公司的股票去累積財富（你從上市櫃公司公布的董監持股乘上股價，你會發現為什麼這些人這麼有錢，而且你可以統計他們的持股是年年在增加），什麼是春江水暖鴨先知，誰是「鴨」，當然是大老板和高階董監主管，他們最瞭解公司的營運，高賣低買，每年一次就讓這些人賺翻了，何況還有高配息，雖然如此，屬於薪資階級的我們更是要想辦法擠錢去做好投資理財，將每 1 元的機會成本做出來，現

在不做，以後包準你會後悔，除非你是鐵打金剛不生病，若是想靠相關的醫療保險也是要有本錢，所以一生中，錢都圍繞著你，如果你和家人平常都想要享受較好的生活品質又想要錢多，就請現在開始好好想想如何去做你的生涯規劃、生活規劃、財務規劃、健康規劃和自家小朋友的教育規劃，尤其是你自己未來的退休基金規劃，這些事情都是很花錢的，若不是住在臺北，更應該做到才對。

☂ 存股操作總整理

* 存股條件 (1)：

❶ 殖利率 < 4%，賣出。

❷ 殖利率 > 8%，再買進。

❸ 原持股在 4~8% 間，持股續抱。

❹ 現金股息占每股稅後盈餘 (EPS) 80%。

❺ P/E 在 6~12 倍間。

❻ P/B 在 0.8~1.2 間。

❼ 每年都配息配股。

❽ ROE 愈高愈好，>10% 更好。

❾ 題材好，具延伸性。

❿ 產品研發力強，具競爭力。

⓫ CEO 及經營團隊具公正誠信及企圖心。

* 存股的條件 (2)：

❶ ROE 高 (>15%)。

❷ 每年都有配息（高現金股息）。

❸ 殖利率 5% 以上。

④ 配息配股或配息占 EPS 的 80% 以上。

⑤ P/B 在 1.5~3 倍間。

⑥ P/E 在 15 倍以下。

⑦ 有穩定或穩定成長的營收和獲利。

⑧ 創新研發能力強。

⑨ 長期都有題材。

⑩ 有強有力的 CEO 和堅強的經營團隊。

⑪ 屬於龍頭產業股。

* 存股條件 (3)：

❶ ROE>15%。

❷ 殖利率 >7%（若選 6% 以上的股票實在太多，只好選 7% 以上）。

❸ 配息率 >80%。

❹ 扣抵稅率 >20%。

❺ 毛利率高。

❻ 營業收益率高。

❼ EPS 穩定或穩定成長。

❽ 題材火紅。

❾ 產業能見度高。

❿ CEO 和經營團隊有企圖心、願景和執行力。

⓫ 股票會填息。

⓬ P/E 在 10~12 倍附近或 <10。

⓭ 股價漲幅還小。

* 操作觀念

❶ 股市行情不佳，多、空難做，怎麼辦？

→利用存股可以致富，選 1~3 支好股，基本面佳，高
殖利率之公司，長期存股，300 萬也可以存到 1,000
萬（包含本金及股息）。

以 1 年期定存利率 1%，9 年 1.094 倍，300 萬 ×1.094
=328.2 萬，獲利 328.2-300=28.2 萬，遠比 700 萬差很
多，達 24.82 倍。

2003~2012 年（花 9 年時間）

Ex：1 位女性投資者，CitiBank 主管，我……，若投
　　入資金多，獲利更可觀。

等機會低價買進，等配息配股，拉回再買進，讓公司
複利操作，長期持有，獲利相當可觀，9 年賺 700 萬。

❷ 股市不怕漲（做多），也不怕跌（做空），最怕盤整（無
差價，尤其是短線投資者），但上述三種定時定額或
不定額投資之長線者，則毫無影響（除了差價，還可
賺股息、股利，切記，要找好公司投資），選股不選
市。

❸ 目前 1 年期的定存利率 1.06%，1 年期的定儲 1.09%，
將錢放入銀行實在不聰明，沒有發揮每一塊錢的機會
成本和效率，不如買高殖利率股票，布局殖利率 6%
以上，又能填息的股票是最棒最穩的投資；若能投入
合於條件的「存股投資」，未來的投資報酬率更可觀，
你可以撥 1/3~1/2 的可支配資金去操作存股，豐碩的
退休金將指日可待，也可以慢活、樂活和悠活過日子。

❹ 全世界都在走低利率、零利率和負利率時，臺股竟然
有一堆殖利率在 4~6% 以上（是放在銀行利率的 4~6

倍以上的投資報酬率）的優質股票，怎能不讓全世界
的資金心動，所以各國資金湧入臺灣形成臺股的資金
行情，臺股欲小不易，給別人賺不如自己賺，如果你
還捨不得撥部分資金投入高殖利率的臺股，你就是不
適合進入投資市場、不懂得投資，目前高配息的行情
正在啟動中，請各位做好資金配置，將自己放在贏家
行列中。

❺ 一家公司 EPS 高、配息率高、殖利率高，顯示 ROE
也高，ROE 高可以拉高 P/E 和 P/B，也可以拉升獲利
和股價，雖然 ROE 提升會提高負債比，但有為的公
司老闆，他會藉低利率引進資金，更努力的去經營公
司回饋股東（從高 ROE 就可看出公司經營者的認真
努力、企圖心和回饋股東之心），而且股價容易填息，
這種高殖利率的好公司股票值得投資。

❻ 臺灣未來也勢必走向更低利率，至於零利率和負利率
不敢說，所以臺股的高殖利率就吸引很多見錢眼開的
國際資金蜂湧而入，尤其是在油價受傷的阿拉伯資金
市場更是如此，何況是歐、美、日、中、東亞資金，
這叫有機可乘，誰不想賺穩當、風險低、投資報酬率
又高的臺股，好好把握吧。有太多股票可以參考。
105 年臺灣的平均殖利率>4%的股票就有100檔以上，
除了臺灣，全世界已經少有這麼好的報酬率，應該是
看不到，難怪全球的熱錢幾乎都跑到臺灣，有這種好
股，賺錢不難，就是要布局，可操作短線和存股。

* 投資觀念

「存股」重在每年穩定成長的配息股（80% 附近或加上 20% 附近的配股）和複利的效果，將你的投資報酬率拉高拉大，只要你符合存股的條件去投資，拉長年限、有耐心，10 年後你身邊就有一個金礦，你就可以像老黑（Shell 石油公司亞洲區業務總經理，45 歲退休，成大統計系畢業）那樣，提早退休，慢活樂活過一生，何樂而不為；企業老闆除了開山闢土為公司賺錢外，也都是靠賺錢的公司存股在累積自身的財富，我們就是要挑選出有企圖心、願景、有雄心萬丈的 CEO 和強有力的經營團隊的好公司去投資，ROE，P/E，P/B，EPS，或用 PEG 都是可概算的資料，都可以協助我們找到好的投資對像，做存股和操作波段、短線不一樣，就是要有耐心的去執行，只要符合 4~8% 續抱的原則（大於 8% 加碼，小於 4% 停利賣出，SOP 的去執行），通常在選對股下，都會有相當大的獲利，請參考。

* 存股標的

最好是有配息和配股，殖利率 >5%，ROE>10%，P/E<15 倍，每年都有配息和配股（或全配息），而且息要大於股，每年都將股息滾入，採用定時定額或不定時不定額方式買進，資本額在 20 億以下，而且又是該行業的龍頭股（風險低）。存股最重要的是每年都有穩定的配息配股。

* 存股投資的好處和使用

❶ 經由複利獲得穩定成長的投資報酬。

❷ 在殖利率 4~8% 間，每年採用定時定額投資。

❸ 當殖利率 >6~7% 時，採用不定時不定額投資，更可

以降低持股成本。

❹ 殖利率 <4% 時，換股操作。

❺ 殖利率是本業的收益。

❻ 產業前景不明的殖利率不要。

❼ 吃老本所得的殖利率不要。

❽ 漲跌幅 10% 更易用不定時不定額取得低成本的好股票。

❾ 之前已建議用投資資金的 1/3~1/2 或 40% 資金做存股投資。

❿ 放長獲利可期，風險最低。

⓫ 存股三支組合最適合。

⓬ 未來必有一筆意外之財。

⓭ 要將每年的配息滾入母金，息值不足買一張，就買零股存起來，年年配息都是如此，加上不定時不定額，再讓複利操作，時間一拉長，投資報酬率相當可觀，但還是要依 4%，8% 之原則去操作，請記得該換股時，一定要換股。

⓮ 配息率大於 EPS 的 80% 以上。

⓯ 每年 EPS 穩定成長或是很穩定。

⓰ 最好每年 ROE>15%。

　　每年 Q2、Q3 是配息配股開始的季節，之前沒做存股操作者，可以嘗試從今年開始。

* 買一支好的高殖利股票

　　須看該支股票未來的成長性，業內或業外收益，過去幾年配股狀況（ 包含 5% 以上及現金股息占 EPS 80% 及填息權

之能力）。

* 存股成功的條件

❶ 時間。

❷ 耐心。

❸ 執行力。

❹ 選股。

❺ 瞭解不能存股的標的。

❻ 停利出場的條件。

❼ 最好能選「扣抵稅額」較高的股票，以各位現在綜所稅不高，買「扣抵稅額」>「綜所稅」的股票最適合。

❽ 另外選擇的存股要能「填息」或填「息權（大息小權）」，這樣長期存股才有複利效果。

❾ 一定要設好條件，每年 check 你手中的存股，是否還可以續存。

* 存股後的處理方式

❶ 存股後股價大跌：

　(1) 外在因素：如景氣、政策、政治利空、天災人禍、社會問題……，要大膽買進。

　(2) 內在因素：如錯失訂單、獲利一時衰退、一時工安問題……，若是一次利空（錯殺或大跌一次），逢低買進；若是結構性利空（CEO、經營團隊、經營能力、研發能力、發展方向、掏空、內鬥……），則斷然賣出。

❷ 存股後股價大漲：

　(1) 外在因素與公司基本面無關，殖利率因股價上漲

而走低，當殖利率 <4% 以下，換股操作。

(2) 內部因素，公司獲利上升，殖利率在 4% 以上，
持股續抱。

* 存股後出場的時機

❶ 吃老本的配息方法。

❷ 業外收益之貢獻。

❸ 產業前景不明 (<4%)。

❹ 漲多不值得再存。

* 另種可以獲利的投資方法

另一種在股市好賺也好生存的投資方法（多空都可操作），就是精選股，賺了之後，將賺的錢轉到另一個帳戶專做複利存股，賺到的錢夠買幾張就買幾張，不夠就買零股存起來，讓複利幫你賺另一筆收入，你也許會說我沒那麼厲害，每次都選對股，若是，你就採用整合淨值操作法，風險低，但較容易賺，你試過就會習慣這種穩當的操作方法，若兩邊都能賺，為何不做呢？問題就在心態和執行力，以上只是推薦，請參考。

* 除了定時定額外，加入不定時不定額的存股投資方法

股市投資的另一個勝利方程式（長線存股）：假設一支好股從 50 元（如之前給各位看過某投資人在國泰金的存股）開始買，10 年後你的成本可能降到 30，也有可能降到 20，甚至 15 以下，股價是個循環，只要你買到好股，之後股價照樣再創新高，再回升到 50 以上或更高，這個情況會來來回回，漲高跌低買進都對存股投資沒影響，是因為複利讓這支股票長期存股而有較高的獲利，這就是好公司，若是，就可

以長線操作，你可能已經在 10 年中累積到 100 張以上，也許在 200 張以上，10 年後你會發現你可賺多了，這就是好公司加上複利的效果。

條件：

❶ 每年股息滾入（不足 1 張的股息可以買零股）。

❷ 定時定額操作。

❸ 不定時不定額操作。

❹ 逢低買進。

❺ 要有耐心。

❻ 至於要買什麼公司的條件已經給各位，請參考之（**這點很重要，一定要參閱**）。

❼ 可以將能運用的資金撥 1/3 或 1/2 到這支績優好股上，另 1/3 留做波段操作，另 1/3 留做短線操作。如果你是喜歡操作短線及波段者，這二種操作一定要嚴守停利、停損及資金配置。

❽ 這家績優公司絕對要永續經營。

❾ 若你的所得和稅基不是高的人更好（事實上存股時間拉長影響有限，因為你手中持有的是好公司，只要一項高 ROE 就夠了，何況還有其他助漲股價的因素）。

❿ 長期存股不受股價或經濟變動之影響，愈跌愈買，持股成本下降也愈快，但好股在經濟好轉時，反彈或回升力道很大，甚至屢創新高，你手中持股成本因複利及配息而不斷下降，當景氣好時獲利可觀，存股後也不用怕股價的漲跌，你可以穩穩等著獲利，但千萬不要全部被洗掉，當大漲時可以調整一部分獲利了結，

再持續這種存股投資的動作（這就是 SOP），存股全部留著也可以，有天你的成本可能降到 0 時，獲利更可觀，或利用低成本的優勢，每年賣掉幾張出國去遊山玩水，玩回來又配回來，穩賺不賠。

⑪ 選股很重要，選對股一輩子不愁。

⑫ 最好有少部分配股、大部分配息的各行業的龍頭股（高配息）。

⑬ 股價在 50~100 元之間。

⑭ 低股價（長期低迷）通常不是績優好股，有可能不配息、不配股。

⑮ 企業老闆都是用這種方式累積財富。

⑯ 你若是存股投資 1/2，另 1/2 可以配置各 50% 到波段和短線；你如果很忙，就操作 1/2 波段；你非常忙，也可將資金全部投入長期存股。或你不很忙但操作短線很有心得，你可以操作 1/3 長期存股、1/3 波段、1/3 短線。

⑰ 不鼓勵你全部資金做短線，若你是 50 歲以下者，鼓勵你納入長期存股投資這部分；若在 60 歲以上，就將資金小部分放在長期存股（你有可能活得很長）；其他大部分放在波段和短線，波段可以多點，若操作短線一定要有時間看盤。

⑱ 再重複，耐心、恆心和毅力是長線存股投資成功的基石。

* 存股成功的重點

股利稅制修改是重要關鍵，若你的稅低，採用小額的存

股投資是不錯的獲利方法，還要有耐心的執行才會成功。

　　股利稅率應該會修改恢復原先的全面扣除額制度，若 2% 的健保扣除額可以取消，存股投資將有利於長線投資人，這也是資本市場的的健全發展。或採用存股 1 年以上的投資人可以全面扣除股利的扣抵稅額，這才是健全的資本市場，企業也可順利的從資本市場取得資本。

* 其他存股方法

選股策略之一：

❶ 10 億以下。

❷ 10~20 億。

❸ 20 億以上。

(1) P/E < 10。

(2) 當年 Q1 之 EPS > 去年 Q1、半年、3 季或 1 年之 EPS。

(3) (Q1 EPS + Q2 EPS) = 半年之 EPS > 去年半年、3 季或 1 年之 EPS。

(4) 選股（有利基、有展望之產品）→依技術面進場及出場。

選股策略之二：

❶ 10 億以下。

❷ 10~20 億。

❸ 20 億以上。

(1) ROE ≥ 20%。

(2) 負債比 < 50%。

(3) 長期負債低。

(4) P/E < 10。

(5) 選股（產品具利基、有題材）→ 依技術面進場及出場。

選股策略之三：

❶ 10 億以下。

❷ 10~20 億。

❸ 20 億以上。

(1) 負債比 < 50%。

(2) P/E < 10。

(3) 高 EPS。

(4) EPS 穩定成長。

(5) 選股（產品具利基、有題材）→依技術面進場及出場。

選股策略之四：（去年或到目前）

❶ 10 億以下。

❷ 10~20 億。

❸ 20 億以上。

(1) ROE ≥ 20%。

(2) 負債比 < 50%。

(3) P/E < 10。

(4) 營運現金流 > 投資現金流。

(5) 選股（利基、有題材）→依技術面進場及出場。

選股策略之五：（去年或到目前）

❶ 10 億以下。

❷ 10~20 億。

❸ 20 億以上。

    (1) 負債比 < 50%。

    (2) P/E < 10。

    (3) P/B < 1。

    (4) 低價。

    (5) 選股（具轉機性 EPS 轉正、題材性）→ 依技術面
進場及出場。

選股策略之六：（去年或到目前）

❶ 10 億以下。

❷ 10~20 億。

❸ 20 億以上。

    (1) 負債比 < 50%。

    (2) P/E < 10。

    (3) 長期負債低。

    (4) P/B < 1。

    (5) EPS 轉正，或增加。

    (6) 選股（轉基、有題材）→ 依技術面進場及出場。

* 存股條件中也可注意質的因素

如 CEO 應具備下列特質：

❶ 公正誠信。

❷ 願景。

❸ 懂得用人。

❹ 有執行力。

❺ 有彈性。

❻ 有掌握市場的能力。

或如學者「默沙東」提出的核心 4I：

❶ 創新力 (Innovate)。

❷ 整合力 (Integrate)。

❸ 激勵力 (Inspire)。

❹ 影響力 (Impact)。

CEO 若具備以上特質，公司和團隊就具有經營管理能力，團隊力愈強，公司就會不斷成長，帶給公司的好處就是財務績效不斷茁壯成長，可以永續經營，因此這類公司的股票可以列為存股之一，因此投資者更需要去收集公司 CEO 和經營團隊的相關資訊，以供投資存股參考之用。

* 依上述條件篩選結果如下，都是這些年來未選做存股的好股

❶ 鑫禾

❷ 世坤

❸ 華祺

❹ 泰銘

❺ 信錦

❻ 方士霖

❼ 勝一

❽ 鎰勝……等

當然，還有其他存股的好股，有興趣存股者，可依選股條件去選取。

4-27 股市投資應用和實例

🧍 成功因素

熟讀投資大師的書籍並採用下列法則投資股票：

❶ 研究冷門股、小型股（在臺灣就是 OTC、OTC 新上
櫃股、興櫃股），並進場選對有爆發力的股票（大師
彼得林區）。

❷ 買進的股票有利基、題材和未來性，不買看不見未來
性的股票（大師 Buffett）。

在臺灣：擴增實境（AR）、虛擬實境（VR）、人工
智慧（AI）、物聯網（IOT），工業 4.0，無人車，電
動車，智慧汽車，車用電子，智慧城市，大數據
（BD），利基型零組件，iPhone 系列，科技金融等。

大數據（BD）

❸ 關注法人的布局，並從技術面去找之前提示過大量紅
K 突破整理區的股票，而且不斷出現量價同步的上漲
走勢（漲勢形成，有明確的 3 個買點，我是多增加 1
個在底部的買點）或屢次突破前高走 N 形走勢的股
票，或不斷突破箱形整理走勢向上的股票，之後就等
著被抬轎獲利（大師歐尼爾）。

❹ 停利賣出，獲利超過 25%，P/E 已超過合理範圍時，
是停利出場的時機（大師歐尼爾）。

或是如以下情形：

(1) 跌破趨勢線。

(2) 跌破型態頸線。

(3) 跌破 MAL，MAL 下彎時 (5、10、20)。

(4) 在高檔出現量價背離。

(5) 在高檔出現賣訊的黑 K。

(6) 在高檔形成 BOX，且黑 K 多時、大都出現在 BOX 下緣。

(7) 上升軌道線的上緣。

（筆者對技術面的看法，當然還有其他停利點）。

投資賺錢術

日本平民股神「小泉秀希」成功術（本節的文章中有加入一些筆者的看法和意見），以下介紹他的投資歷程及蛻變。

小泉秀希：日本東大教育系畢業，畢業後在證券公司服務。

1997 年，30 歲投資虧損 500 萬日圓。

2002 年，和妻子籌措 200 萬日圓，東山再起。

2003 年，再進場～ 2007 年資產翻轉 30 倍到 6,000 萬日圓。

2007 年，40 歲資產已累積到 1 億日圓（4,000 萬台幣）。

小泉四個贏的投資心法

❶ 有好的、健康的投資心理和投資商數（臨危不亂、不懼，且冷靜做進出的判斷，就是之前提過的穩、準、狠）。

❷ 研究小型成長股（這是讓他從 200 萬日圓翻 30 倍甚
至累積 1 億日圓的標的）。

❸ 有效做好風險控管，不操作風險太高的投機股，同時
做好資金配置，不讓每檔投資標的超過總資產（總投
入金額的 20%），也做好有效的分散投資，將風險適
度的壓低。

❹ 將母金放大（我之前提到是 100 萬以上，愈多愈好，
資金也容易配置，小泉是以向銀行貸款的方式取得資
金，因為日本是負利率、利息低，所以適合借貸擴充
母金；臺灣借貸利息高，我非常不贊成向銀行借錢做
股票，除非你的操盤功力高強到驚人，但可以向券商
申請信用戶擴大母金額度，充分運用槓桿的效率增加
投資報酬率，但前提是自己要充分學習和研究，從總
體面、題材面、產業面、基本面、籌碼面和技術面下
手，學愈多，基礎愈穩，分析能力就愈強，若又能充
分運用 BD，效果更好。

　　註：所謂「未來性」是指有題材、有產業前景，具有特
殊性、利基性，可以延伸至少 10 年以上，而且公司有足夠能
力隨時都能開創新領域。

　　基本面方面可以從營收月增率、年增率看得出來都在穩
定成長中。

　　在技術分析方面，就是上面提示：股價突破整理型態或
呈上 N 型走勢或走 Major 上升趨勢等的向上趨勢走法，其內
涵就呈現出公司有未來性，而這些未來性逐步反映在基本面、

技術面和籌碼面上，這類型的股票適合長抱，獲利可觀，而且很快就讓你取得財富自由度。

另一個長線或存股的選股策略，請各位參考。

這些資料很寶貴，請各位好好思考如何成為股市的贏家，若你不是專職，則更需要將投資理財當作第二份很重要的工作，這份工作可以讓你一輩子都有工作，也不用怕退休（不是 65 歲退休年齡，而是隨時都會被 Fire 沒工作），人到了中年之後若多了一個投資的技術和能力，對自己也是一份保障，臺灣現在可是很多中年人沒工作，流浪的中年人不少，自己若能從投資市場賺到大錢，有工作或沒工作都不用再看老闆的臉色（可以隨時辭去辛苦的工作去做專職的投資，賺自己更多的財富自由度，就像小泉，和前面所提的蔡先生與劉先生），也不用怕和職場脫勾，也不用日以繼夜的不停工作，導至免疫系統失調，健康亮起紅燈，而且認真工作，還不一定拿到高薪，它的重要性不輸於你現在的第一份工作，你若這樣思考，你就會認真的去經營它，因為投資就像自己的公司一樣，到最後都要拿出好的成績、好的報表出來。

其他的投資策略可參考小泉一文。

之前在吳門理財課程，曾請吳美娟經理跑出三支股票（那是用另一套前面提及的選股條件），這三支的股價都表現出色，其中我最記得的是「祥碩」這支股票從 70 元附近漲到 289 元，其次是「勝一」從 38.5 元漲到 63.5 元及「鑫禾」從 42.3 元漲到 69.2 元。

各位可嘗試依前面提示的選股條件，選出漲幅出色的股票，其他如：同致、美律、台光電、金鼎、康控、匡揚、麗

清等都是漲幅大的股票（可參考臺股日 K 線圖）。

要賺大錢，一定要上課，尤其是技術分析，都有眉角，不管國內外大師或賺大錢的投資者，一定都會從選股條件和技術分析切入（事實上，所有選股條件選出的股，最後都會出現在技術線型的上漲走勢中），懂了，幾千萬幾億都在你的手中，總之要好好認真的研究和學習，不然都是看著別人在賺錢。

以下介紹幾位大師，你們可以去買書來研究。

德國：科斯托蘭尼

英國：約翰坦伯頓、Jim Slater

美國：彼得林區、Buffett、威廉歐尼爾、查理孟格

日本：川銀藏

＊之前篩選後的股票：祥碩、鑫禾、信錦。

第一支獲利最多，後二支也從 40 元附近漲到 75 元附近，加上配息，股價成本已遠低於成本 40，最近則是：康控、麗清、匡揚、來思達、捷敏、環球晶等漲幅大、獲利高的股票。

篩選條件如下：

❶ ROE>15%。

❷ 殖利率 >5%。

❸ P/E 在 10 倍附近。

❹ P/B 在 1.5 ～ 2。

❺ 負債比率 <40%。

❻ P/E< 預估 EPS 成長率。

❼ 董監持股 >15~20%。

❽ 配息率 >80% 的 EPS。

❾ 現金流量為正。

❿ EPS 穩定成長。

⓫ 近 5 年每年都有股利發放。

週期是 5~10 年的資料。

或：

❶ 依趨勢線選股。

❷ 依 K 線組合、MAL 型態搭配選股。

❸ 依 KD、MACD、波浪形態搭配選股。

❹ 再與題材面、基本面、籌碼面搭配選股。

都可以選到好股（技術分析細節可參考前章節之說明，或筆者著作的《投資技術分析》一書）。

4-28　如何運用融資賺錢

使用融資賺錢，要先瞭解盤勢、個股的特色，並掌握操作重點。

❶ 盤勢穩定。

❷ 選對股（有題材、有業績）。

❸ 個股漲勢明顯。

❹ 可以來回操作。

❺ 只適合短線操作。

❻ 要嚴格執行停損，讓損失降到最低。

❼ 股票數分散。

❽ 不碰龍頭股，龍頭股獲利提升慢。

❾ 重視技術分析，尤其是停損的拿捏。

❿ 使用融資，不能對報酬率貪心，要見好就收。

⓫ 在波浪的第 1 波，拉回的第 2 波和突破第 1 波高點的第 3 波，可以使用融資增加槓桿比，之後就不要再動用融資額度，到第 5 波時停利出場，若不想停利出場，則需將融資換成現股以降低風險。

以上並不適用於現股，但停損這項在操作現股時，還是要嚴格執行。

⓬ 在高檔增資要謹慎，股價可能到頂。

⓭ 在低檔減資，有可能是散戶離場。當股價價穩量縮時，底部已形成。

⓮ 在高檔，融券增加，會有軋空行情。

⓯ 在低檔，融券減少，股價已見底。

⓰ 在高檔，資增券減，頭部在形成中。

⓱ 在高檔，資增券增，會有軋空行情。

⓲ 在低檔，資減券減，底部浮現。

⓳ 在低檔，資減券增，顯示底部還沒形成。

⓴ 股價從底部起漲，資增是正常，因為股價推升除了靠現股外，還需要靠融資。

Chapter 5
賺錢的操作法則

5-1　GAP 的操作

GAPs 分類

❶ Break-up Gap（突破缺口，BG）。

❷ Runaway Gap（逃逸缺口，RG）。

❸ Exhaustion Gap（竭盡缺口，EG）。

有時 3 個缺口不一定同時出現上升，下跌趨勢亦然，以下是缺口型態的介紹。

❶ 突破低檔或高檔型態的缺口為 Break-up Gap。

❷ 在高檔結束前若有缺口出現，此缺口是 EG。

❸ 同樣在下跌走勢結束前若有缺口出現，此缺口也是 EG。

❹ RG 缺口較少出現，若出現則為股價漲幅的一半。

❺ 若 BG、RG、EG 同時出現，EG-RG ＝ RG-BG。

缺口回補

任何一個缺口都會被回補，以下介紹不同的回補狀況。

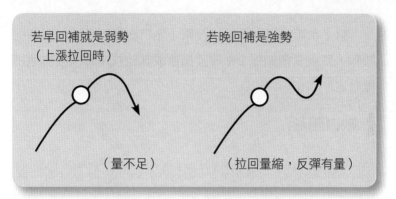

若早回補就是弱勢
（上漲拉回時）

若晚回補是強勢

（量不足）

（拉回量縮，反彈有量）

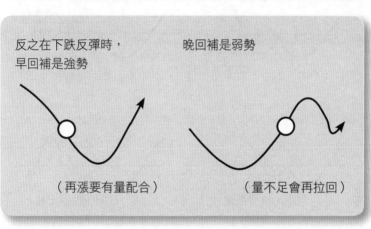

反之在下跌反彈時，
早回補是強勢

晚回補是弱勢

（再漲要有量配合）

（量不足會再拉回）

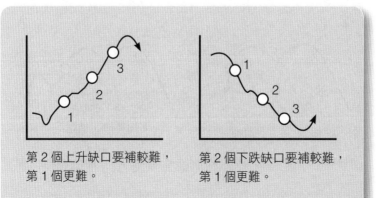

第 2 個上升缺口要補較難，
第 1 個更難。

第 2 個下跌缺口要補較難，
第 1 個更難。

　　第 1 和第 2 個上升缺口及第 1 和第 2 個下跌缺口要補則較難，要視量價關係、K 線及指標或其他技術圖型及其他指標而定。

缺口圖形

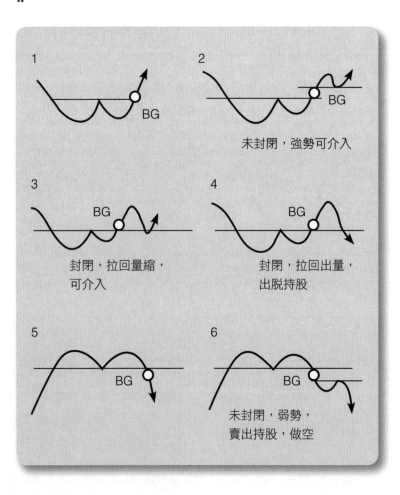

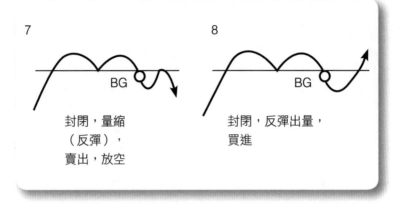

7

BG

封閉，量縮
（反彈），
賣出，放空

8

BG

封閉，反彈出量，
買進

* 切記，所有缺口到最後都會封閉，但因時間不同，故可以作差價賺錢。

🚶 反轉型態

❶ 1 日反轉 (One-day Reversal)。

❷ 2 日反轉 (Two-day Reversal)。

❸ 島狀反轉 (Island Reversal)。

高檔出大量時要小心，（下跌 K 線）價量背離（負背離）也要小心（反轉而下）；底部出現低量要小心，底部出現止跌的 K 線要小心；價量背離（正背離）也要小心（反轉而上）。

🚶 重要觀念及操作

❶ 股票在下跌過程中，尤其在低檔出現跳空下跌而造成缺口 (Gap)，這個缺口通常會回補，但回補完會再位回測試前低，若站穩會震盪整理築底（打出雙底或多

個底部），這時就可以進場布局。

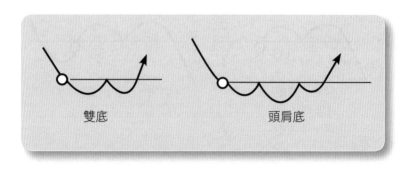

雙底　　　　　　　　頭肩底

❷ 反之，在高檔出現缺口（下跌過程中），也會回補，
　再去攻前高，這時就要注意量價關係 。

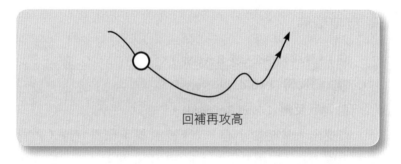

回補再攻高

❸ 若是在上漲過程中（中低檔）出現突破缺口拉回補完
　缺口，就是布局時刻，若在高檔要小心是否出現竭盡
　缺口、股價拉回，這要看量價關係，若量大不漲或量
　價背離，就要獲利了結。

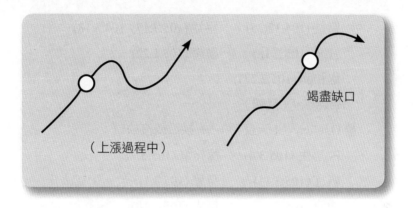

（上漲過程中）

竭盡缺口

* 未補缺口

❶ 上漲缺口未回補（上漲股票）之股票（可多）：

博大 (105.2.18)　　協益 (105.3.17 / 105.3.18)

文曄 (105.2.2)　　信錦 (105.3.14)

旺矽 (105.2.22)　　F- 紅木 (105.1.29)

群聯 (105.1.28)　　泰博 (105.3.16)

東捷 (105.3.16)　　胡連 (105.2.22)

❷ 下跌缺口未回補（下跌股票）之股票（可空）：

東洋 (105.2.19)　　台光電 (105.3.7)

* 補缺口

❶ 下跌缺口被回補（上漲股價）之股票（可多）：

新麥 (104.12.18 缺口)　上緯 (105.2.1)

楠梓電 (105.3.9)　　中裕 (105.3.18)

慶生 (105.3.10)　　信錦 (105.1.13)

中探針 (105.3.7)

❷ 上漲缺口被回補之股票：

長盛 (105.2.19)　　智易 (105.2.15)

協益 (104.12.25)　　協益 (105.3.17 / 104.3.18)

宜鼎 (105.2.18)　　廣隆 (105.1.22)

健和興 (105.2.22)

* Reversal（**反轉**）

❶ One-day（1 天反轉）:有缺口或沒缺口：

F- 再生 (105.3.4)　　楠梓電 (105.3.7)

帆宣 (105.3.11)　　穩懋 (105.3.1)

胡連 (105.2.22)　　博大 (105.2.18)

原相 (105.3.18)　　弘裕 (105.2.26)

一天反轉，股價拉回，通常還有機會向上挑戰高點。

❷ Two-day（2 天反轉）：有缺口或沒缺口

目前找不到，可試從 K 線中尋找，2 天反轉都曾黑 K，
最高價都一樣 2 天反轉，賣壓稍大，股價拉回有機會
再挑戰高點，但時間會延後。

❸ Island（島狀反轉）

宏捷科 (105.1.29 / 105.2.2)

島狀反轉，是跳空缺口而下，上檔套牢賣壓大，再挑
戰高點的機會小，除非業績成長。

缺口觀念

❶ 若一支股票的上漲缺口被股價下跌回補，這支股票有
續跌之趨勢，因為股價轉弱（表示業績較差；K 線會
出現轉弱之訊號；若未被回補、業績好、也會出現買
進的訊號或價穩量縮）。

❷ 一支股票上漲的缺口會被拉回的股價測試其強度是否

存在。

❸ 反之，下跌缺口會補上漲的股價測試其弱勢是否存在。

❹ 若下跌缺口被上漲的股價回補，顯示股價強勢，有機會再漲（顯示業績轉好、K 線會出現轉強之訊號；若未回補，顯示業績較差、K 線也會出現賣訊或價增量縮）。

🚶 Gap 反轉的量價關係

❶ 不論是 One-day，Two day 或 Island Reversal，有下列情況（高檔 Gap）就會反轉：

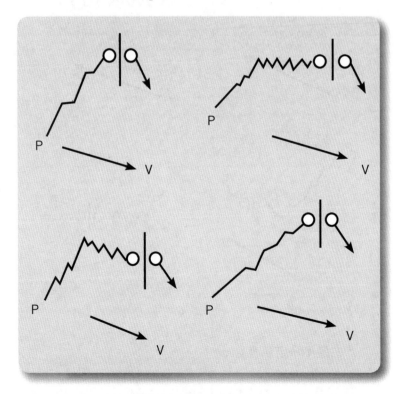

　　* 右邊不一定要有 Gap。

　　* 另外就是當天大量開高走低或出現長上影線或地雷線、十字線，在高檔的 Two-day 或 Island Reversal 同於上或有可能發生在 Two-day 的 K 線上，或有可能發生在 Island（左邊有 Gap）的一組 K 線上。

　　❷ 在低檔 Gap 時：

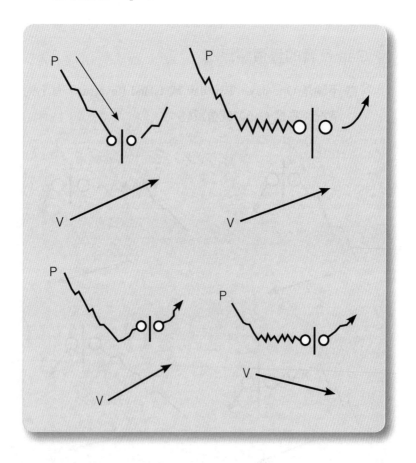

　　* 右邊不一定要有 Gap。

　　＊另外就是當天大量開低走高，或出現量急縮，或出現長下影線、汽球線、十字線、長紅 K 線之強勢 K 線。

　　＊在低檔的 Two-day 或 Island Reversal 同於上。

　　或有可能發生在 Two-day 的 K 線上。

　　或有可能出現在 Island 的一組 K 線上。

🧍 重要觀念

❶ 上漲缺口未被回補，或被回補後再上攻機會高，被回補是需要整理，整理完還有機會上攻（上漲缺口的 K 線壓力小），下跌缺口後回補或未被回補，往後下跌機會高，被回補是較強勢，但要再上攻則需要有量及基本面助陣，因為下跌無口的左邊 K 線壓力大。

❷ 缺口何時補，還是要看這家公司的業績是否轉好或轉壞，題材是否繼續延伸對公司有幫助；若是，上漲的缺口就會晚補，且持續強勢；下跌的缺口就會早補。

🧍 Gap 操作

　　無論上漲或下跌的 Gap 都會補，因此利用其特性獲利。

　　註 1：缺口：缺口都會被回補，但較低的缺口容易由技術性反彈回補，但較高的缺口則需要看業績，所以在低檔買進通常會賺到價差；同樣的，當股價回檔時，較高的缺口也容易被技術性拉回而回補，但較低的缺口除非業績較差，否則要回補並不容易，所以在高檔缺口被回補時要注意出場時機，除非在在高檔股價轉折向下但還未出現缺口時懂得從 K 線或 K 線組合中抓到賣訊就可以賣在高檔。

　　註 2：週線和月線幾乎沒有缺口，尤其是月線，缺口都
是發生在當天，越短的時間缺口越容易發生。

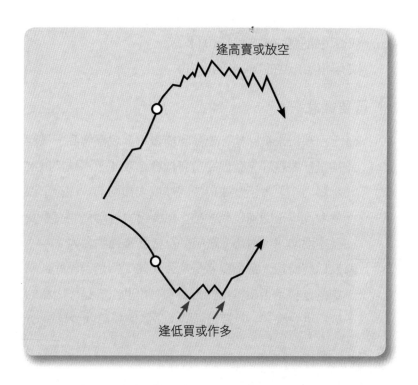

　　* 若 Gap 是發生在週線，不管上漲 Gap 或是下跌 Gap，你
都可以運用多、空的方式去操作，比日線更容易獲利，但週
Gap 很少，你找到是你賺到，至於月線，可以說是沒有 Gap。

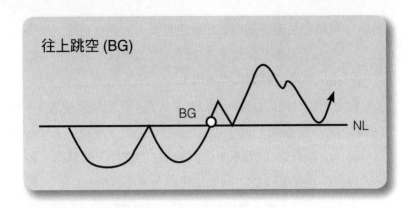

❶ 在底部漲幅大。

❷ 在中、高位置會完成波段的最後漲幅。

❸ 在高檔有賣點（停利）及空點（短空）可賺，拉回測試 BG 還會有向上漲的機會（多頭形成或不會很快就結束，其他反轉圖形亦適用）。

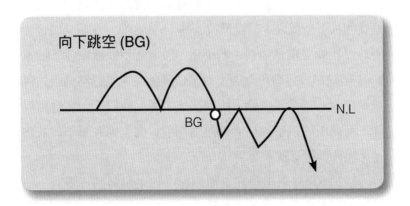

❶ 在高檔跌幅大。

❷ 在中、低檔會完成波段的跌幅。

❸ 在高檔有停損（減少損失）及放空點（可賺），空點

可做中長空、補完缺口後也是有中、長空可賺，反彈
上去（短多）還是會再下探（空頭形成不會很快就結
束，其他反轉圖形亦適用）。

往上、往下缺口必補，所以有多（買）、空（賣及放空）
2個點可賺，要把握。

若一支股有2~3個缺口，不論是往上或往下的缺口，愈
接近股價的會先補（如「同致」是向上補下跌的缺口），離
較遠的可能要看業績，業績轉好的股票向上補第2、3個下跌
缺口的機會愈高，業績轉差點的股票向下補第2、3個向上的
缺口機會也愈高，因此業績成長的股票就可續做多，業績差
的就放空；若股價是往上補下跌的缺口，當接近股價的第1
個缺口補完後（技術性回補，會跌深反彈測試第1個缺口的
壓力），若業績還是沒成長，補完第1個缺口後會再拉回，
這時可再做空（看量就知道，若量大不漲或是補缺口量縮就
是要回檔）；反之，若股價拉回補上升的第2、3個缺口也要
看該股票的業績是成長，若不是，股價會下跌繼續往下補第
2、3個缺口，這時可做空；以缺口理論而言：通常向上的跳
空缺口大，都是強勢股，拉回補完第1個缺口後大多會再反
彈，而向下的跳空缺口大都是弱勢股，向上補完第1個缺口
後，大多會再下跌。

缺口(Gap)若出現在低檔型態（如：頭肩底、雙底、三
尊底、圓形底、V形底、潛伏底、三角形等）形成時，這個
缺口就是突破缺口(Breakup Gap)，這種缺口不會很快就回
補，直等到第2個（測量缺口）或第3個缺口（竭盡缺口）
出現時，有時是第2個缺口（也是竭盡缺口），位置較高，

這時股價回補竭盡缺口的機會就很高，回補的方式分為：
（1）1日反轉；（2）2日反轉；（3）島狀反轉，若是1日
反轉回補缺口，往後上攻挑戰前高的機會也高，也就是快跌
快反彈；若是2日反轉，回補缺口後，往後反彈挑戰前高就
會比1日反轉慢；若是島狀反轉，因上檔套牢賣壓大，往後
要反彈挑戰前高也會需要較長的時間，但是島狀反轉比較有
充裕的時間停利出場。

　　以上三種反轉都可以從之前提示過的量價背離，或出現
賣訊的K線或K線組合，或從指標(RSI、KD、MACD)的背
離，或從跌破趨勢線，或從MAL反轉形成死亡交叉時得知。

　　針對每支有缺口的股票而言，不是每個缺口都會補，要
補也要看該股的業績和K線的位置而定。

　　例如，105年5月27日：

　　麗豐，預估EPS16元，橫向整理等月線翻揚，這波拉回
已深，已修正4月份的衰退，股價已回到長線買點，由於電
子商務、醫美、直銷業務在中國大陸有很大的發展前景，股
價有機會補第1個缺口，至於第2個缺口要等補完第1個缺
口的走勢而定，第1個缺口的最高價是194.5，請參考。

5-2 買點的操作（兼具賺價差及風險低）

可以選「探底」完成且在「打底」的股票，或進行波段操作或選強勢股操作，這種股票有特色：

❶ 跌深，完成 5 波跌幅。

❷ 跌深，已完成跌幅目標。

❸ 跌回成交量密集的起漲區。

❹ 打底中，遇利空不跌。

❺ 量急縮，形成價平量縮或價穩量縮。

❻ 出現旱地拔蔥的 3 個買點（這個最穩）。

❼ 股價在打底時突破下跌趨勢線（第1條，買進 20%）。

❽ 若突破第2條（買進30%）；突破第3條下跌趨勢線（加碼買進到 50%）。

❾ 底部打出雙底，右底 > 左底，右底出現帶量的中長紅 K。

❿ 打底中，出現多線匯集。

⓫ 股價在打底中，帶量突破型態學的頸線，也有 3 個買點。

⓬ 在底部出現黃金交叉時，記得不要在突破時買進，要在突破後拉回測試支撐量縮時買進。

⓭ 在打底時，出現利空不跌。

⑭ 在打底時，出現反轉向上的 K 線或 K 線組合（這時價位接近最低價）。

⑮ 以上所有的操作都要配合趨勢線，勝率更高。

⑯ 擅長使用波浪的買賣點。

⑰ 可運用黃金分割率和費氏級數。

⑱ 可運用 KD 和 MACD 指標找買點。

⑲ 以上的運用都可使用在股價反轉後，操作賣點和放空點。

⑳ 所有的操作，不論多空都要搭配趨勢線使用，更容易成功。

㉑ 運用 MAL 中的「扣抵」找買點。

㉒ 可以運用 Elliott 波浪理論中的 5 波浪來操作波段：

  (1) 股價突破第 1 波高點時，進場買進是最安全的買點。

  (2) 或突破後拉回測試第 1 波高點時，也是買點。

  (3) 如果你會辨識波形，可以在第 1 波拉回 0.382 形成第 2 波時買進或是 0.5 時買進。

  (4) 最後在第 5 波時賣出進行波段操作。

㉓ 強勢股的操作：股價在高檔時可以採用下列方式買進。

  (1) 股價拉回前波高點測試成功時。

  (2) 股價在高檔拉回後，股價再突破下跌趨勢線時。

  (3) 股價在高檔突破整理型態時，也是如第 ➏ 有 3 個買點，此時會和底部一樣，會出現量價齊揚的 K 線。

  (4) 股價沿著 5 日線，量價結構正常且 MAL 間乖離

小時。

(5) 指標 RSI、KD 在 50 之上，若在 80 之上更好，而且和股價同步時。

(6) 若在 50 之上是第 2 個底時，且出現量價齊揚時。

(7) DIF>MACD>0，且柱形也在 0 軸上逐步遞增時。

㉔ 股價拉回橫向盤整且價格未跌破最低點，而且價格未跌破最低點，而 MAL（5 日或 5 日、20 日）已走平或翻揚，上檔離季線還遠（乖離大），當然年線已是在下端形成支撐，這種股票可以布局，風險較低，贏率較高。

㉕ 等季節性股票，提前在拉回整理時布局，等待被抬轎。

㉖ 一支股若拉回到前波起漲點或區時，怎麼辦？

若回到價格密集區怎麼辦？

若回到成交量最大位置時，怎麼辦？

若回到成交量較大的密集區時，怎麼辦？

這是個好買點，風險較低。

㉗ 選股：題材面 → 基本面 → 籌碼面 → 技術面

若無法提前取得題材面及基本面，可從籌碼面及技術面去選股，由產業 → 公司選股。

㉘ 突破底部型態整理的買點，通常會有 3 個，這種底部型態通常有「頭肩底」、「雙底」、「三尊底」、「圓形底」、「潛伏底」、「三角形底」、「箱型底」，當股價以帶量長紅 K 突破頸線時，有下列幾種型態出現 3 個買點：

(1) 跳空（Gap，通常稱為跳空缺口）突破，只要不

跳空漲停，就出現第 1 個買點，之後若出現拉回
測試缺口的 K 線，就是第 2 個買點，缺口沒封閉
這個是最好的買點，整理完後再向上突破第 1 個
買點的高點時，就是第 3 個買點，買完之後就等
著被抬轎上漲，同時你可以從底部畫一條上升趨
勢線，當股價在上漲過程中跌破這條 Major 趨勢
線，就可以停利出場或查看在高檔是否出現有賣
訊的 K 線或 K 線組合（可參閱筆者著作的《投資
技術分析》第 1 章）或價量背離時或是在高檔股
價形成大量開高走低的 K 線時，都是停利賣出的
好時機。

(2) 有時在跳空之後股價沒有拉回，你就不要追價，
股價總會拉回，等拉回後再進場操作第 2 個買點，
之後也會有第 3 個買點，停利方式同上。

(3) 若跳空是漲停，可以等第 2 天打開後再進場，你
若覺得這個第 1 個買點位置略高，你就不要進場，
等股價拉回時再進行第 2 個買點，之後的第 3 個
買點同 (1)，停利方式也和 (1) 或 (2) 一樣。

(4) 標準的 3 個買點是突破頸線時出現第 1 個買點，
之後會拉回到頸線位置測試賣壓，這個點就是第
2 個買點，之後的第 3 個買點就是突破第 1 個買
點的高點，停利方式同上，或參考 (6) 的其他停
利方法。

(5) 有一種騙線，就是在突破頸線後的拉回會故意跌
破頸線形成多頭陷阱，這時跌破只要是量縮（3

天之內能站上頸線）就是假跌破，而且跌破後的
K線是紅K，這也是假跌破，此時反而是好買點，
這個買點也是第2個買點，價位還比較低，更容
易賺多，之後的第3個買點和停利方式同上，停
利賣出的方式除了上述二種，還有就是看MAL
形成死亡交叉或股價跌破高檔型態的頸線時，都
是停利賣出的時候，以上述停利賣出的價位來
看，賣得最高的是K線，其次是MAL或下跌趨
勢線時，價位較低的是跌破頸線的位置，但都是
賺。

(6) 還有一種跌破頸線後，在頸線下方形成橫向整
理，但量一直在縮，這也是假跌破的陷阱，也是
第2個買點，往後的第3點和停利賣出點同上。

(7) 通常我會加入第0個買點，它的位置更低，通常
藏在底部型態內，你可以在型態中由左上向右下
畫出下跌的Minor趨勢線去找這個買點，也就是
紅K帶量突破Minor下跌趨勢線的紅K線，或者
等打出第2個底，而這個底比第1個底高，且出
現買訊的K線（如紅K、帶下線的紅K、十字線
等）時，就是第0個買點。

請好好研究，上述的買賣點是很好的賺錢方式。

(8) 以上(1)~(7)，若底部的型態厚實，時間波長，買
點1、2、3成功機率高，假跌破也只是在洗浮額，
不太容易造成真跌破。

🏃 兆利買點之例

❶ A 處股價探底及打底完成。

❷ B 處出現量縮後的旱地拔蔥大量，股價出現中長紅 K 且跳空，顯示股價轉強勢，B 處是買點（第 1 個）

❸ C 處股價呈現價穩量縮之走勢，這是另個買點（第 2 個）。

❹ 之後股價形成 3 個月的 Box 整哩，量也一路萎縮，顯示浮額已洗清，而且也形成凹洞量，之後在 Box 上線不斷出現有量的紅 K，之後在 D 處以大量突破 Box 上線，正式進入主升段，D 是明顯的買點（第 3 個）。

❺ 這個圖形很特殊，很少有第 3 個買點在整理三個月後才出現，留得下來的人就是贏家，圖中股價最高到 78 8（由 38 附近起漲），獲利相當高。

❻ 短線高手在 Box 中還是可以來回操作獲利，E 處形成大圓形底，量價同步，顯示量價未乖離。

❼ 目前在 F 處再帶量突破頸線，再走未升段，F 是短線買點。

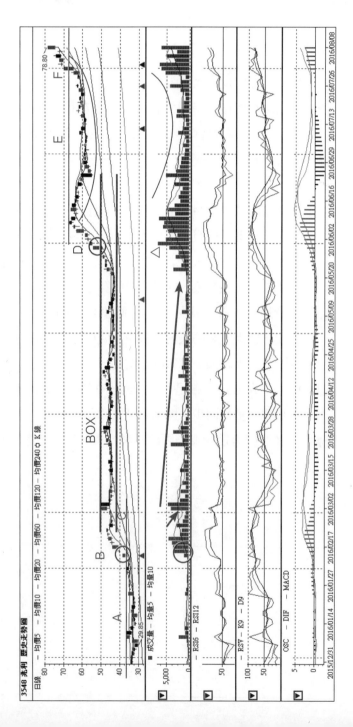

5-3 停利賣股的操作

　　停利賣股是股票投資中很重要的一環,操作的指標與方法如下:

❶ 股價碰觸上升軌道線的上緣。

❷ 完成波浪的第 5 波。

❸ 反轉型態(頭肩頂,雙頭)的右肩,若出現大量就是停利時。

❹ 反轉型態的右肩無法突破頭肩頂的頭部,或雙頭的左邊頭部時。

❺ 股價在高檔和 5 日 MAL 線形成乖離時(Granville 的第 8 點)。

❻ 頭部形成 BOX,在 BOX 中接近上緣出現較多黑 K 時。

❼ 在頭部出現賣訊的相關 K 線時。

❽ 股價和成交量或指標形成背離時,若是二次背離更要小心。

❾ K<D<80 時,KD 都下彎。

❿ 指標在 80 之上形成 M 頭且 K 跌破 80 時。

⓫ DIF 在 0 軸上跌破 MACD,DIF 和 MACD 都下彎。

⓬ 完成型態學的目標時。

⓭ 完成黃金分割率的目標值。

⓮ MAL 間形成乖離,且股價和 5 日 MAL 也形成乖離時。

⓯ 無法站穩 MTL 時,或與 MTL 乖離大時 (MTL:Major trend line)。

⑯ 個人設定的停利點。

⑰ 依市場所給的 P/E 和 EPS 計算的股價。

⑱ 股價漲幅已大，碰觸前波高點時。

⑲ 股價突破前波高點，但出現量價背離時。

⑳ 股價漲幅已大，但無法突破前波股價密集區。

㉑ 股價漲幅已大，但無法突破前波股價大量位置或大量
密集區。

㉒ 當 5 日均量和 20 日均量形成較大乖離時。

台耀停利賣股之例

❶ E 處是上升軌道線，股價碰觸此線上緣，可以停利出
場。

❷ F 處是 Minor 上升趨勢線，股價以長黑 K 有效跌破，
可停利出場。

❸ D 處 P<5 日 MA 線 <10 日 MA 線，5、10 日 MA 線下
修，可以停利出場。

❹ A 處 6 日 RSI<10 RSI<50，可以停利出場。

❺ B 處 9 日 K<9 日 D<50，中短線轉空，可以停利賣股
出場。

❻ C 處 DIF<MACD，可以停利賣股出場。

❼ 在 C 處柱形已翻黑在 0 軸之下，短線轉空，可以停利
賣股出場。

❽ 最好買點是突破前高 G 點的一處中長紅 K，約在 92
元附近，因此在 1~7 停利買出之處，仍然有一張股票
20 元以上或 20 元附近的獲利。

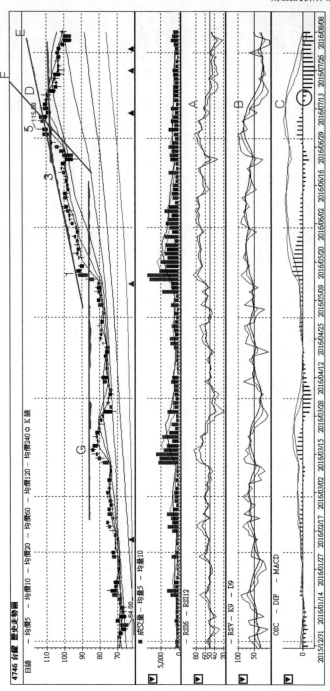

5-4　停損的操作

停損可有效減少損失，蓄積下一波再起力量，操作指標與方法如下：

❶ 股價跌破前波高點。

❷ 股價跌破前波價格密集區。

❸ 股價跌破前波大量位置或大量區。

❹ 股價跌破各種反轉型態的頸線時，有 3 個停損點，第 2 個逃命線最好。

❺ 若股價跌破 20 日 MAL，20 日 MAL 下彎，符合 Granville 的第 5 點，就是停損點。

❻ 若 P<5 日 MAL<20 日 MAL，且 5、20 日 MAL 下彎時，就是停損點。

❼ 第 ❻ 點股價反彈時，也是停損點。

❽ 股價跌破上升趨勢線時（包含：Major 和 Minor）就是停損點。

❾ 或 ❽ 點中，股價反彈無法站上趨勢線時，是停損點。

❿ 若是 Fan trend line，依操作方法是跌破第 1 條或反彈無法站上第 1 條趨勢線時，賣股或停損或放空，比例是 50%、20%、20%；若是第 2 條時，比例是 30%、30%，、30%；若是第 3 條時，是 20%、50%、50%。

⓫ 依黃金分割率拉回跌破 0.382 是停損點。

⓬ 跌破主力進貨區。

⓭ 跌破價格密集區。

⑭ 跌破大量密集位置。

⑮ 9K<9D<80 先停損一部分，若是跌破 80 時，是雙頭形成，就要全部停損。

⑯ 在 15 點中若 K<D<50，就要將其他部分全數停損。

⑰ 在 0 軸下，DIF<MACD 時就要停損。

⑱ 可運用波浪理論，在股價跌破第 1 波低點時停損；在股價跌破第 1 波高點時停損；在股價跌破第 3 波低點時停損。在修正波中，若股價跌破第 4 波低點時，要停損。

⑲ 一支股票若下跌亦無停損之意願時，有下列操作要做：

(1) 反彈後不過停損點，還是要停損，這是逃命線。

(2) 之後股價下跌，但不急著攤平。

(3) 等股價探底，打底整理完後再等鎖碼量出現，有 3 個買點。

(4) 利用底部買進的股做反彈或來回操作，以降低高檔股價的損失，會操作者甚至可賺錢（如科妍）。

(5) 買進底部的股票，3 天不破底可加碼，利用這些較少部位的股票來操作，更容易獲利。

(6) 最好要停損，再回來做(3)~(5)之步驟，更能賺錢。

5-5　放空的操作

投資股票要賺錢，不一定要做多，遇到大盤或個股走空時，放空也能有很好的報酬率，操作（要設 6% 的停損價）方法如下：

❶ 跌破各種反轉型態，有 3 個放空點，第 2，3 個最好。

❷ 跌破上升趨勢線可放空，反彈站不上趨勢線再放空。

❸ 依 Fan trend line 放空，第 1 條跌破，或反彈站不上，20% 空單；第 2 條跌破或反彈站不上，30% 空單；第 3 條跌破或站不上，50% 空單。

❹ 符合 Granville rule 的第 5、第 6、第 7 點，放空單。

❺ BOX 假突破（量縮，或上緣黑 K 多），放空單；跌破上緣壓力線或反彈無法站上壓力線再放空；若跌破下緣支撐線，有 3 個空點，可加碼放空。

❻ 在高檔出現一連串賣訊的黑 K 或組合可放空。

❼ 股價在高檔出現背離或二次背離可放空。

❽ K<D<80，小空；在 80 跌破雙頭，中空；在 K<D<50，加空。

❾ 0 軸上，DIF<MACD，小空。

　　0 軸下，DIF<MACD，加空。

❿ 跌破前波高點爆量，可放空。

⓫ 跌破前波大量密集位置，可放空。

⓬ 跌破前波價格密集區，可放空。

⓭ 從底部反彈，遇前波大量密集位置，可放空。

⓮ 從底部反彈，遇前波密集區，可放空。

⓯ 從底部反彈，遇較長週期的MAL（如：季線、半年線、年線；週、月線亦同），而這些MAL仍下彎時可放空。

⓰ 股價跌破下N型的低點時可放空。

⓱ 股價跌波浪的第1波高點可放空，若跌破第1波低點可加空；若跌破第3波高點可放空，若跌第2波低點可加空；若修正波跌破第4波低點可放空。

⓲ 若股價跌破漲幅的0.382可小空；若跌破0.5可加空。

⓳ 若成交量＜5日均量＜20日均量，而5、20日均量下彎可放空；週線可以採用5週、10週或6週、13週；月線可採用5月、10月或6月、12月週期為主。

⓴ 在Granville的第8點是可以找放短空時機，因為股價乖離大，但放完空要在拉回MAL線附近回補回來，並反手做短多，因為20日或60日MAL線仍持續上揚。

🕴 勝麗停損及放空之例

A處頭肩頂形成，股價有效跌破（CP×0.97）有三個停損點：1、2、3，也就是放空點。以20%、30%、50%配置放空，仍設6%放空的停損點。B處股價拉回的滿足點（415-350＝65，350-65＝285（至少）），C處是 Major trend line，股價在滿足點後（已賺空單）反彈，因股價拉回D處前波起漲區，有支撐，可以反手做短多單，股價反彈到E處是 Major trend line 的壓力點，股價反彈到E點再拉回整理，至目前圖

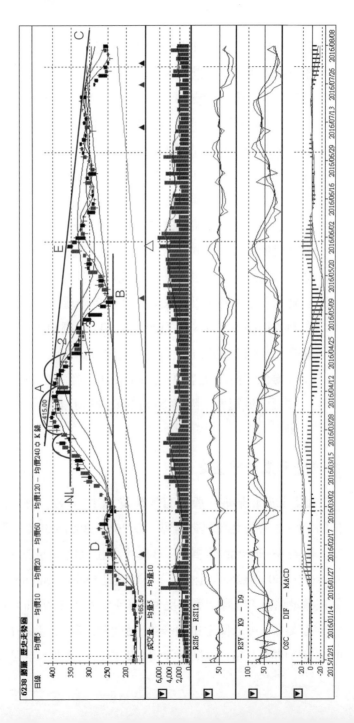

形所顯示，中長買點還未出現。

E 處大暴量中長黑，顯示 Major trend line 的壓力大，因此可在此外再放空，等股價有效突破 Major trend line 再回補。

5-6 空單回補的時機和操作

除了要學會抓準放空時點外，空單回補的時機也決定你的投資報酬率，操作指標與方法如下：

❶ 突破下跌趨勢線，全部回補。

❷ 突破下跌趨勢線：第 1 條補 50%；第 2 條補 30%；第 3 條補 20%。

❸ MAL 翻揚或呈黃金交叉。

❹ P>5 日 MAL>20 日 MAL，而 5、20 日 MAL 上揚。

❺ 成交量 >5 日均量 >20 日均量，5、20 日均量上揚。

❻ 股價跌完測量跌幅（如型態學、黃金分割率、波浪、下 N 型等）。

❼ 股價已跌回起漲區或起漲點。

❽ 股價已跌回大量密集位置。

❾ 股價已跌回價格密集區。

❿ 股價跌完 A-B-C 波。

⓫ 股價走入空頭走完 5 波。

⓬ 在底部出現竭盡缺口 (EG) 量縮，K 線出現買的訊號（十字線，紅 K 線等）。

⑬ 底部出現鎖碼量且出現中長紅 K（旱地拔蔥且帶量）。

⑭ 股價在底部和 RSI、KD、MACD 呈正背離。

⑮ 9K>9D>20，呈現黃金交叉。

⑯ 在 0 軸下，DIF>MACD，且柱形圖轉正。

⑰ 股價拉回黃金分割率 0.618 或 0.809 處，且出現大量。

⑱ KD 在 50 之下形成二次黃金交叉，且都出現帶量紅 K，
可分別回補 60%、40% 或 70%、30%。

智冠空單回補之例

複合頭肩頂形成，在 A 處股價有效跌破 N.L 形成停損及
放空。

股價在 55.8 完成頭肩頂跌幅，股價也跌回前波起漲區，
（C 處）空單可回補，或在股價突破下跌趨勢線的 B 處回
補，或在 P>5 日 MA 線 >10 日 MA 線處回補，也是在 B 處、
指標 K、6 日 RSI>50 處或 MACD 的柱形轉正時回補。由圖
紅線處可看出 DIF>MACD 形成底部的黃金交叉，因此空單要
回補，至回補 C、B 處，空單已獲利。

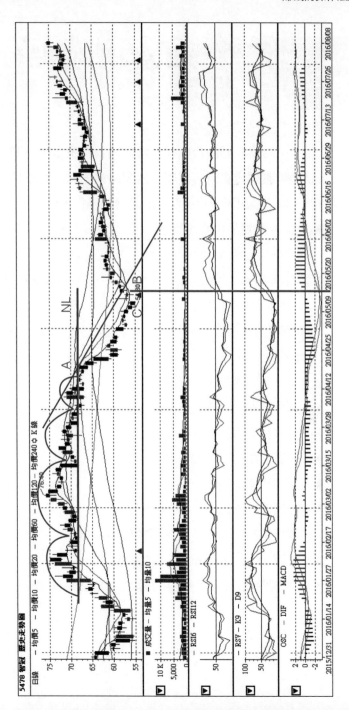

5-7　不該買進股票的時機和操作

　　在股市中時常看到散戶賠錢，常是因為在不當的時間買股，所以從事股票投資時，要學會避開賠錢的標的與不佳的進場時機，以下列出不該買進股票的時機和操作方法：

❶ 盡量不要讓手中資金閒置，專找會漲會賺的股票進場。

❷ 學自營商寧可降低風險也要讓手中持股賺錢，趁 10~15% 就停利出場，若選錯股，或不看盤，結果股價反轉下跌，當股價下跌 5~10% 就要停損出場，讓資金盡量活用。

❸ 盡量不要買漲勢不明確的股票。

❹ 要進場買漲勢明確的股票。

❺ 不要買在層層壓力下的股票。

❻ 不要買 KD<20 的股票。

❼ 不要買空頭排列的股票。

❽ 不要買 DIF<MACD<0 的股票。

❾ 不要買在高檔型態形成時呈逃命波的股票。

❿ 不要買 MAL 形成死亡交叉的股票。

⓫ 不要買跌破上升趨勢線的股票，尤其是跌破 Major trend line 的股票。

⑫ 不要買進在高檔黑 K 罩頂的股票，尤其是出現賣訊的股票，若黑 K 愈多，就要小心。

⑬ 不要買進價量背離（負背離）的股票。

⑭ 不要買進股價乖離大的股票。

⑮ 不要買進 MAL 間乖離大的股票。

⑯ 不要買進當日量 <5 日均量 <20 均量的股票。

⑰ 不要買進轉折點是長黑大量的股票。

⑱ 不要買進 Granville rule 中，5、6、7 點的股票。

⑲ 不要買進 6 日 RSI<12 日 RSI<50 的股票。

⑳ 不要買進 RSI、KD 長時間在 20 以下的股票。

㉑ 不要買進 MACD 長期在 0 軸以下的股票。

㉒ 不要買股價和成交量、RSI、KD 和 MACD 形成二次背離的股票。

　　* 以上是不要買股票的時機，「反之」就是買股票的時候，善用就會贏。

　　另一個涵義：不買股票也是放空的時機，但要設 6% 的停損，通常都會贏。

㉓ 當從高檔畫出的下跌趨勢線形成後，就不要進場搶反彈，等股價有效突破下跌趨勢線時，再買進。

　　若上述不能買股票的狀況愈多時，就是告知你不要輕易進場搶反彈，這時反而提供你操作空單的機會，這個會贏的機會並不是一萬，所以你必須要接受有萬一的時候，所以在下空單時要設 6% 的停損風險價格；反之在做多狀況增加時，你可以大膽進場布局甚至可加碼買進，和放空一樣，雖然操作多單贏的機會高，但還是要防範你持股的多單萬一出現意

外下跌狀況時，你就要嚴格執行停損，你若認真遵守這個嚴肅的遊戲規則，你在股市中就會是贏家。

瑞昱之例

股價突破前高，在 B 處量縮拉回測試成功，且守在 20 日 MA 線上。5 日、10 日及 20 日 MA 線仍形成多頭，持股可續抱，而且股價也未跌破 C 的 Minor 上升趨勢線，MA 線仍上揚，顯示這檔股票可續抱。指標 RSI、KD 都在 50 以上，MACD 也在 0 軸之上且未明顯乖離，仍然是 DIF>MACD>0，柱形仍逐步在遞增中，都顯示持股可續抱，但量價不能背離，應該要形成量價同步。

A 處是買點，獲利持續增加中。

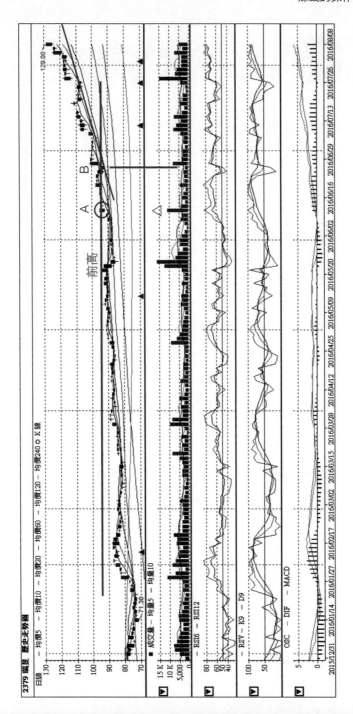

5-8 股票可續抱的操作

股票投資中何時出場也是勝負關鍵，常見投資人因太早賣股、少賺一波而懊悔不已，以下介紹股票可續抱的觀察指標與操作方法：

❶ 突破前高拉回測試頸線成功者。

❷ 突破型態未到目標值。

❸ 未跌破上升趨勢線。

❹ 股價拉回量縮，守住支撐。

❺ 5 日、10 日及 20 日 MAL 仍持續上揚。

❻ 指標 KD、RSI 在 50 之上。

❼ MACD 在 0 軸之上，且 DIF > MACD > 0。

❽ 柱形為正，且遞增中。

❾ 量價未背離，若背離要補量。

5-9 投資股市 SOP 的操作

🧍 Tower line

❶ C=3 天，以 CP 比較：

(1) 當 CP > 前 3 日最高價，在第 4 天進場或第 3 天盤後進場。

(2) 當 CP <前 3 日最低價，在第 4 天賣出或第 3 天盤後賣出。

操作觀念：強者恆強（多），弱者恆弱（空），盤整觀望（退出）。

❷ 優缺點：

(1) 懶人操作法。

(2) 有波段漲幅及跌幅最適用。

(3) 適用於散戶買賣，不會過早（不易）或過晚（不知高點）。

(4) 可以賺到波段行情（不論是多、空皆宜）。

(5) 要測試何種週期最適宜，C=2 天、3 天或 4 天（週或月長週期）。

(6) 有時買點出現，想買時已漲停，想賣時已跌停；反之，放空時亦同。

(7) 盤整時不宜，會常出現買賣點，宜配合其他指標（RSI、KD、MACD 等）。

(8) 買、賣點出現要嚴格執行，才會出現效果。

農夫播種法

❶ 以 CP 為主（盤後買進或隔日買進）。

❷ 以 3% 為準（1 天沒有，就累積第 2 天……到 3% 才買進）。

❸ 若開盤就漲停，則等次日或之後（不可能常漲停）。

❹ 若買進一直不到 3% 漲幅，就應該換股。

❺ 若多頭市場一直漲，手中持股不斷地增加到極限，也

賺很多，但還沒下跌是否要賣出？（→ Sol：已賺好
幾倍，如：20~70 元，3.5 倍當然要賣，其他亦同）。

❻ 最重要的是：要趕快握有足夠做長多趨勢的母金。

🧍 Wu's 操作法

　　風險低，報酬率穩定，任何時間選定一支業績成長股，
又有高配息配股之股票，擬定一合理價格（可選波段的中間
價或成交量大或價格密集區），中、長線操作，這家公司一
定要有未來性，且公司營運穩定，基本面良好，在適當時機
以合理價格之百分比介入，譬如合理價是 20 元，現在是 25
元要買進，則買 (20/25)×1,000 股 =800 股，0.8 張以零股交
易購入。若跌到 15 元，則買 (20/15)×1,000 股 =1,333 股，1
張在現貨市場買進，333 股在零股市場買進，採用定時不定
額方式購入，以中長期持有 10 年以上，未來可享有配息、配
股及價差之複利收益，切記所配的股息要再放入買股，不能
提出花掉，如此，才會享有複利及累積財富之功效。

🧍 操作

　　今日之 CP > CP3 > CP2 > CP1　(B)

　　今日之 CP > 昨日 K 線之最高價 (B)

　　今日之 CP > 昨日 1/2 K 線價　(B)

　　今日之 CP > 昨日 K 線最低價　(B)

　　反之 S，反彈放空。

　　多頭行情很有效；反之，空頭行情一樣有效，盤整就停
止操作。

B 表買進。

CP 表收盤價。

5-10 可以賺差價又安全的股票操作

105 年以來，由於臺股稅率高，不像之前「存股」可以大發，在這之前 10 年，若你未曾做過存股的投資者，存股的好機會從 106 年稅改後複利效果下降，從 106 年後開始的操作方式如下（除非財政部修改有利於投資存股的條件），是相對可以賺差價又安全的方式。

1. 可以在除權除息前，趁股價低時買進，在除權除息前股價拉高時，賣出賺差價。

2. 操作短線強勢股賺差價。

3. 尋找有題材、有業績的好股操作波段，也是賺差價。

4. 放空轉弱股，賣高買低，也是賺差價。

5. 買進低 P/E、高殖利率的股票，也是賺差價。

6. 抓住年底，或半年底的作帳行情股票，也是賺差價。

7. 在 Q1 買進改選董監事的股票，也是賺差價。

8. 買進季節性的股票，如：Q1、Q2、Q3 和 Q4 的強勢季節性股票，也是賺差價。

9. 買進有題材、有產業面、有業績、有籌碼面的好股，也是賺差價。

❿ 以上若是好股就布局做多，弱勢股就布局做空，都是
　　賺差價。

綜合 ❶~❿，除了自己有第一線的題材、產業面、基本
面資料，否則你就得好好勤練「技術分析」，練好技術分析
可以讓你降低投資風險，提高投資報酬率。

5-11　投資股市總結

如何在股市中成為快樂的贏家：

❶ 要有一桶母金。

❷ 要早投資。

❸ 要選對股票：有題材、有基本面、有未來性。

❹ 要瞭解總體經濟。

❺ 要瞭解產業面。

❻ 要瞭解題材面。

❼ 要瞭解基本面。

❽ 要瞭解籌碼面。

❾ 要瞭解技術面。（散戶）

❿ 要有人脈。

⓫ 要有收集資料、整理資料和分析資料的能力。

⓬ 要有認真的學習力與研究力。

⓭ 要有健全的投資心理，不能患得患失。

⓮ 要將投資的公司當成自己的公司來認真經營。

⑮ 要深入瞭解投資標的公司的 CEO 和經營團隊。

⑯ 要有強而有力的執行力。

⑰ 要有好的投資工具（軟、硬體）。

⑱ 要懂得進場、出場和放空的時機。散戶精研技術面，法人，大戶重視基本面。

⑲ 要擅長運用技術面中的分析工具，精研常用的線圖和指標。

⑳ 要精於抓住行情走勢（多或空）。

㉑ 要做好資金配置。

㉒ 要嚴格執行停利、停損。

㉓ 要懂得操作存股、波段、短線和當沖。

㉔ 要學習抓住多空的轉折點。

㉕ 要懂得買進強勢股、放空弱勢股。

㉖ 要懂得多頭不做空、空頭不做多。

㉗ 要贏錢就要學習耐心、恆心和專心。

㉘ 要懂得逆勢操作和法人大戶同步。（大家在害怕時，就要懂得貪婪；大家在貪婪時，就要懂得害怕。）

㉙ 要在多、空行情決定後順勢操作。

㉚ 要多看、多閱讀財經相關書籍。

㉛ 要精研投資大師的投資心法、觀念和操作方法。

㉜ 要懂得以錢滾錢、滾出大錢。

㉝ 要懂得天道永遠酬勤，認真努力者常會有好運。

㉞ 要知道投資是一輩子的大事，輕忽不得；想要有一輩子的樂活、悠活，你就得懂投資。（股票是投資，創業是投資，經營自己也是投資。）

㉟ 要懂得運用知識從投資標的中早日取得財富自由度。

㊱ 要懂得如何從投資失利中敗部復活和取得勝利。（沒有永遠的贏家，但要期許自己是常勝軍。）

㊲ 要懂得投資就是要賺錢，要有強勢賺錢的理念。

㊳ 要瞭解手中的持股不會幫你生財時，就要懂得適時轉換會幫你賺錢的股票，不能鐵齒，否則你會輸更多。

㊴ 要瞭解漲時重勢，跌時重質的道理。

㊵ 要在股海中賺錢，就是不要預設立場，要懂得看線圖、指標判斷進、出和放空時機。

㊶ 要在股市中成為成功者，不能有一夜致富的心態。

㊷ 要成為贏家，就不要去碰觸複雜的投資標的，如：衍生性或連動債商品。

㊸ 要成為股市贏家，就要瞭解法人、主力「養、套、殺」的操作手法。

㊹ 要成為股市的勝利者，散戶就要多熟練「穩、準、狠」的操作功夫。

㊺ 要在股海中成功，不能有賭徒的心態。

㊻ 要在股市中成為贏家，就要多研究、多瞭解國內外財經市場的變化，而且要懂得分析它、掌握它。

㊼ 要成為股市贏家，就不能借錢投資。

㊽ 要成為股市贏家，就要膽大心細，要有膽識。

㊾ 要在股海中生存，投資股票要有娛樂（entertainment）的心態。

㊿ 要在股海中成為贏家，一定要累積好的、對的操作經驗。

　　對以上的陳述若能多瞭解多涉獵，則在股市中會更容易降低風險，提升投資報酬率，進而成為開心快樂的投資高手。

5-12 全書總結：股市贏的策略

　　將上述 1 ～ 50 條快樂贏家的條件再進一步整理如下：

❶ 不違背趨勢。

❷ 不違背基本面。

❸ 多頭做多不做空。

❹ 空頭做空不做多。

❺ 當趨勢由多轉空時，手中持股換現金，並擇機放空。

❻ 當趨勢由空轉多時，手中要有現金加碼買進。

❼ 基本面差的股票下跌時要嚴格執行停損。

❽ 基本面好的股票被錯殺時，拉回整理完畢要進場再買進。

❾ 要賺大錢就要抓基本面，技術面強的股票做波段。

❿ 若股價已在高檔，要賺就要操作強勢股，但要設好停損並嚴格執行。

⓫ 要戰勝自己的心理面，不要患得患失，並設好停利和停損點。

⓬ 挪一部份資金操作存股，採用定時定額的投資策略（必要時也可以加入不定時不定額，達到複利效果則

必須將每年股息再滾入母金），讓複利將自己的現金流增大，精選合乎存股條件的股票來養你一生。

⑬ 找尋具有前瞻性、未來性的公司，產品具特殊性、擁有強勢的品牌和創新性技術的公司，或在市場具有壟斷性的公司。

⑭ 具有穩定性成長和獲利的公司。

⑮ 不要用生活費去操作股票。

附錄 　股市相關問題匯集

股市投資相關問題彙整，答案可參考：

❶ 投資技術分析：華泰文化圖書公司

❷ 今周刊

❸ 財訊雙週刊

❹ 網路資訊

題目：

Assignment 1：

新一年度的 Q4 和和隔年的 Q1 快到了，請告訴我，你們的投資策略是什麼？

Assignment 2：

針對下列 ❷~⓬ 項的量化指標（第 ❶ 項不包含在內），試從股市中找出合乎這十一項的股票，最後再將第 ❶ 項質化的資料引進來討論，最後決定哪些股票最適合這些條件，可以全部都適合，若找不到都適合的股票，就依次類推，合於十項，八項……都可以，但最後都要將第 ❶ 項引進來合併討論，再決定哪些股票最好，並依序排出：

＊ 以連續 5 年計：

❶ 題材具延伸性

❷ 不斷成長的 EPS

❸ 不斷下降的 P/E

❹ ROE>20% 或 >15%

❺ 有 5% 以上的殖利率

❻ 有正的現金流量

❼ 資本支出／盈餘 <200%

❽ 每年營收成長

❾ 每年毛利率成長

❿ 每年營業收益率成長

⓫ 每年 EPS 成長

⓬ 配息率 >50%

Assignment 3：

下列十五支股票，你們各會選哪三支做為存股或長線投資？

1 卜蜂

2 興富發

3 聖暉

4 群益期

5 來思達

6 中菲

7 揚博

8 居易

9 榮成

10 僑威

11 崇越

12 博大

13 崇友

14 德律

15 宏正

Assignment 4：

名詞如下：

1 Option（選擇權）

2 Holder（握有者）

3 Writer（簽發者）

4 Underlying security（證券）

5 Premium（權利金）

6 Striking price（履約金）

7 Expiration day（到期日）

請劃出四張圖，橫軸是市價 0~200 元，縱軸是利潤 0~90 元和 0~-90 元，這四張圖是：

1 Long a Call

2 Short a Call

3 Long a Put

4 Short a Put

再請問針對目前的狀況，你會採用 **1**~**4** 的什麼措施？

Assignment 5：

1 A 公司去年 EPS 3 元，今年配息 2.5 元，5/25 日除息，請問 5/25 日當天的除息價是多少？除息缺口是多少？

2 若 EPS 3 元中，配息 2 元，配股 0.5 元，請問 5/25 日當天的除權息價是多少？除權息的缺口是多少？

3 若公司決定今年配股 2.5 元，請問 5/25 日當天的除權價是多少？除權缺口是多少？

4 若公司決定擴廠，並實施現金增資計畫，每股 25 元，5/1 日開始認購，公司的股價在 5/24 日收盤是 30 元，原始股東可認購 200 股，5/25 日除權，請問 5/25 日當天的除權價是多少？除權缺口是多少？你是原始股東，你會選擇哪種參與方式，讓你更容易獲利？

5 A 公司為犒賞員工的努力，因此公司高層決定讓員工認購公司的股票，每人可以認購 10 張，每張 25 元，若要認購者，5/1 日要繳 25 萬元，股票在 5/25 日才能拿到，目前股價是 30 元，請問，若你是認購者，你會如何處置，才能讓你獲利？

〔 **①**~**③** 題中的除息、權前一日 (5/24) 的收盤價都是 30 元〕

Assignment 6：

德國 IFO 經濟研究院針對全球經濟做調查報告，在臺灣部分則是「預期臺灣 6 個月後（大約在年底和之後）臺灣出口可望改善，進口大致不變，物價上漲率可能上升，新臺幣可望走貶，短期利率可能調降，而長期利率及股價水準則大致不變」，臺灣部分的調查是委託國發會對臺灣智庫、學者以及業界專家發問卷調查所得的結果，請問這份報告結果對股市有何影響？如果你的手上有資金，應該如何布局？你的看法呢？若這題適用於任何時期的趨勢時，你的看法呢？

Assignment 7：

❶「趨勢線」(Trend line）是什麼？如何形成？做什麼用？

❷ 趨勢線有哪些類型？用途是什麼？

❸ 何謂「支撐和阻力」？做什麼用？有哪些支撐和阻力？

❹ 何謂「扇型趨勢線」(Fan trend line)，做什麼用？

❺ 股價突破下跌趨勢線有什麼條件？怎麼操作？

❻ 股價跌破上升趨勢線有什麼條件？怎麼操作？

❼ 如何衡量上升或下跌區勢線的可靠性？

❽ 上升或下跌趨勢線的目標值如何衡量？

❾ 在跌破或突破上升或下跌扇型趨勢線時，如何操作？

⑩ 何謂「中心趨勢線」？有何涵義？

⑪ 趨勢線如何修正？

⑫ 趨勢線中的假突破、假跌破、真突破和真跌破如何衡量？如何操作？若要放空又如何操作？

⑬ 趨勢線的量價關係如何衡量？有何涵義？

⑭ 趨勢線有何弱點？如何改善？

Assignment 8：

❶ 股市一天漲跌幅是多少？一天最多漲幅和跌幅有多少？

❷ 內外盤價

❸ 限價買賣

❹ 市價買賣

❺ 買賣股票要繳什麼費用？

❻ 融資，融資成數

❼ 融資餘額

❽ 融券，融券成數，融券擔保品

❾ 融券餘額

⑩ 融資上限

⑪ 融券上限

⑫ 融資維持率

⑬ 融券維持率

⑭ 資券比

⑮ 融資追繳

⑯ 融資斷頭

⑰ 融券追繳

⑱ 融券斷頭

⑲ 軋空

⑳ 補空

㉑ 多頭

㉒ 空頭

㉓ 殺多

㉔ 殺空

㉕ 補多

㉖ 補空

㉗ 誘多

㉘ 誘空

Assignment 9：

融資、融券對股市或股價的漲跌有何影響，你的看法是什麼？若以下列四個方向來探討對股市或股價的影響時，你的看法是什麼？

❶ 資增券增

❷ 資增券減

❸ 資減券增

❹ 資減券減

Assignment 10：

❶ 何謂「雙 K 線」？雙 K 線如何操作？

❷ 量比價先行？何意？ 若價比量先行，怎麼辦？

❸ 何謂「價量齊揚」？

❹ 何謂「惜售」？在何種情況下會「惜售」？

Assignment 11：

❶ 何謂「波浪理論」(Wave Principle)，由誰提出？和 Dow Johns 的理論又何不同？

❷ 說明波浪理論的構造？用途？

❸ 何謂「Fibonacci Number」（費氏級數）？

❹ 何謂「黃金分割率」？

❺ 波浪理論和Fibonacci Number、黃金分割率有和關聯？

❻ 在支撐和阻力中常會運用到黃金分割率，如何使用？

❼ 在股價或指數轉折時常會用到費氏級數，如何使用？

Assignment 12：

❶ 何謂「本利比」？有何用途？和「本益比」有何不同？

❷ P/E 和 PEG 有何不同？計算 PEG 有何條件配合？

❸ 「總市值」是什麼？和股價有何關係？

Assignment 13：

❶ MAL 線 (Moving average line) 是什麼？有何意義？和特性？

❷ MAL 有哪些類型？如何應用？

❸ 在 MAL 中的 Granville rule 是什麼？如何操作？

❹ 在 Granville rule 中的「助漲，助跌」有何涵義？如何操作？

❺ 在 MAL 中，如何衡量「多頭和空頭排列」，如何操作？

❻ 在 MAL 中，何謂「黃金交叉」、「死亡交叉」，如何操作？

❼ 在 MAL 中，可以針對 MAL 繪切線，如何操作？

❽ 在 MAL 中的「扣抵」是什麼？如何運用？

❾ 在 MAL 中的「乖離率 (bias) 是指什麼？有哪幾種？如何運用？

❿ MAL 和 MAL 的乖離又指什麼？如何操作？

⓫ 在 MAL 中，量價關係如何衡量？如何操作？

Assignment 14：

❶ Buffett 提出的「能力邊界」是致富的關鍵，何謂能力邊界？

❷ 存股雖然很好，但什麼條件下不要存股？

❸ 指數和股價要上漲，除了題材面、產業面、基本面、成交量外，還要靠什麼？

❹ 一支股票的走勢通常有幾種？如何解析？如何操作？

❺ 在股市中，若同時能使用融資和現股時，要如何配置才能將風險降低報酬率提升？

❻ 如何善用股價或指數波浪的走勢，進行買、賣和放空的操作，以達到贏的目的？

❼ 股價或指數的盤整有哪些？如何操作才能成為贏家？

❽ 波浪理論中的修正波 (corrective wave) 如何解讀？做什麼用？如何操作？

Assignment 15：

在股市中常會有可續抱的股票，請問如何解讀下列可持續抱股的條件：

❶ 突破前高拉回測試頸線成功者。

❷ 突破型態未到目標值。

❸ 未跌破上升趨勢線。

❹ 當日收盤量縮大於或等於昨天最高價。

❺ 當日拉回量縮守住昨日上漲的 1/2。

❻ 當日拉回量縮守住支撐。

Assignment 16：

若要找賺差價又安全的股票，可以選「探底」完成且在「打底」的股票，這個股票有特色：

❶ 跌深，完成 5 波跌幅。

❷ 跌深，已完成跌幅目標。

❸ 跌回成交量密集的起漲區。

❹ 打底中遇利空不跌。

❺ 量急縮，形成價平量縮或價穩量縮。

❻ 出現旱地拔蔥的 3 個買點（這個最穩）。

❼ 股價在打底時突破下跌趨勢線（第 1 條，買進 20%）。

❽ 若突破第 2 條（買進 30%）；突破第 3 條下跌趨勢線（加碼買進到 50%）。

❾ 底部打出雙底，右底 > 左底，右底出現帶量的中長紅 K。

⑩ 打底中出現多線匯集。

⑪ 股價在打底中帶量突破型態學的頸線，也有3個買點。

⑫ 在底部出現黃金交叉時，記得不要在突破時買進，要在突破後拉回測試支撐量縮時買進。

⑬ 在打底時出現利空不跌。

⑭ 在打底時出現反轉向上的K線或K線組合（這時價位接近最低價）。

⑮ 以上所有的操作都要配合趨勢線，勝率更高。

⑯ 擅長使用波浪的買賣點。

⑰ 可運用黃金分割率和費氏級數。

⑱ 可運用KD和MACD指標找買點。

⑲ 以上的運用都可使用在股價反轉後，操作賣點和放空點。

⑳ 所有的操作，不論多空都要搭配趨勢線使用，更容易成功。

㉑ 請針對 ❶～⑲ 討論。

Assignment 17：

❶ 新興市場教父「墨比爾斯」四不投資策略是什麼？你的看法呢？

❷ 「工欲善其事，必先利其器」是何意？你的看法呢？

❸ Fama 提的效率市場「Efficient market」在說什麼？和第 ❷ 題提的問題有何關聯？

❹ 董監事→政府→法人→大戶→實戶→大散戶→小散戶，這個流程是何意？

⑤「春江水暖鴨先知」何意？

Assignment 18：

❶ 景氣燈號有哪些？判斷分數是多少？和股市有何連結？

❷ 何謂「總體面分析」？和股市有何連結？

❸ 何謂「產業面分析」？和股市有和連結？

❹ 何謂「題材面分析」？和股市有何連結？

Assignment 19：

❶ 何謂「基本面分析」？和股價有何連結？

❷ 何謂「籌碼面分析」？和股價有何連結？

❸ 何謂「市場心理面分析」？和股市有和連結？

❹ 何謂「技術分析」，和股市及股價有何連結？

❺ 應用

針對台新公司的一張股票而言，A 君買了 B 君簽發之 Option，約定到期時的履約價為 100 元，並且支付了 10 元的權利金，若市價由 0~200 元變種，現在來討論握有者 (holder) 及簽發者 (writer) 在買權 (call) 及賣權 (put) 之變化。

Assignment 20：

❶ 何謂「型態學」？做什麼用？

❷ 型態學有哪些類型？

❸ 何謂「反轉型態」？有哪些？

❹ 何謂「整理型態」？有哪些？

❺ 何謂「頭肩底」？如何辨識？有何特性？

❻ 頭肩底的形成有何條件？

❼ 頭肩底如何操作？如何找買點？目標值如何衡量？

❽ 失敗的頭肩底如何衡量？

❾ 頭肩底如何延伸詮釋？

❿ 如何探討頭肩底的量價關係？

⓫ 何謂「頭肩頂」？如何辨識？有何特性？

⓬ 頭肩頂的形成有何條件？

⓭ 頭肩頂如何操作？如何找賣點？目標值如何衡量？

⓮ 頭肩頂如何放空？放空的位置在哪裡？

⓯ 何謂「W 型底」（雙底）？如何辨識？有何特性？

⓰ W 型底形成有何條件？

⓱ W 型底如何操作？如何找買點？目標值如何衡量？

⓲ 失敗的 W 型底如何衡量？

⓳ W 型底如何延伸詮釋？

⓴ 如何探討 W 型底的量價關係？

㉑ 何謂「M 頭」（雙頭）？如何辨識？有何特性？

㉒ M 頭形成有何條件？

㉓ M 頭如何操作？如何找賣點？目標值如何衡量？

㉔ M 頭如何放空？放空的位置在哪裡？

㉕ 失敗的 M 頭如何衡量？

㉖ M 頭如何延伸詮釋？

㉗ 如何探討 M 頭的量價關係？

㉘ 其他的「反轉型態」和「整理型態」也依照上述題項

分別討論。

Assignment 21：

❶ 何謂「RSI」？它的理論來源是什麼？

❷ 是否可以畫圖說明「RSI」如何運用？如何研判？

❸ 說明 RSI 的組合如何運用？

❹ RSI 的優點和缺點是什麼？

❺ 日、週、月的 RSI 有何不同？如何使用？

Assignment 22：

❶ 何謂「隨機指標 KD」？它的理論來源是什麼？

❷ KD 如何運用？如何研判？

❸ KD 線的優點和缺點是什麼？

❹ KD 和 RSI 如何合併使用？

Assignment 23：

❶ 「MACD」是什麼？它的理論來源是什麼？

❷ MACD 如何運用？如何研判？

❸ MACD 的優點和缺點是什麼？

❹ 如何運用 RSI、KD 和 MACD 之組合來研判股價的走勢？

Assignment 24：

❶ 缺口，有哪些？

❷ 缺口的股價反轉有哪些？

❸ 如何看待缺口？如何操作？

Assignment 25：

❶ 何謂「惜售」？在何種情況下會「惜售」？

❷ 何謂「多頭市場」？

❸ 何謂「空頭市場」？

❹ 何謂「量大非頭」？

❺ 何謂「量大開高走低」？如何操作？

❻ 何謂「量大開低走高」？如何操作？

❼ 量價關係有哪些？如何操作？

Assignment 26：

何謂「逆時鐘曲線」？如何操作？

Assignment 27：

❶ 何謂「當沖」？

❷ 何謂「現股當沖」？二者有何不同？

❸ 何謂「借券」？做何用？

Assignment 28：

❶ 何謂 Future ？

❷ 何謂 Option ？

❸ Future、Option、Cash 三者有何關係？

Assignment 29：

❶ 何謂「避險」(hedge)？

❷ 何謂「套利」(arbitrage)？

❸ 同稱的法人是指哪些？有何不同？他們在股市中如何
操作？

Assignment 30：

❶ 何謂 EPS？如何衡量？

❷ 何謂 P/E？如何衡量？

❸ 何謂 P/B？如何衡量？

❹ 何謂 ROE？如何衡量？

❺ 何謂「現金流量」(cash flow)？有何用處？

❻ 何謂「每股淨值」？做什麼？

❼ 何謂「利息保障倍數」？如何衡量？

❽ 何謂「存貨周轉率」？如何衡量？

❾ 何謂「股票周轉率」，如何衡量？

❿ 損益表 (Income Statement) 如何構成？表內中投資人、
老闆、部門主管都會重視的收益數字有哪些？

⓫ 何謂「負債比」？有哪些指標，如何衡量？重要嗎？

Assignment 31：

❶ 何謂「現金增資」？做什麼用途？需要嗎？

❷ 何謂「私募資金」？做何用？

Assignment 32：

❶ 何謂「負利率」？做什麼用？

❷ 油價要多高才合理？高油價會造成什麼後果？低油價又會造成什麼後果？對股市有何影響？該買什麼股票？

❸ 何謂 BDI 指數？衡量什麼？

❹ 何謂 B/B 值？衡量什麼？

❺ 何謂 PMI ？ NMI ？衡量什麼？

Assignment 33：

❶ 何謂「貨幣供給額」？有哪些？與股市有何關聯？

❷ 何謂「通貨膨脹」？「通貨緊縮」？對股市有何影響？如何操作？

❸ 如何衡量「黃金和美元」的關係？

❹ IPO 是什麼？做何用？

❺ 何謂 OTC ？

❻ 何謂「興櫃」？

❼ 何謂 ETF ？有哪些分類？如何操作？

Assignment 34：

❶ 銅價跌，要買什麼股？

❷ 天然橡膠漲了，要買什麼股票？

❸ 銅上漲，要買什麼股票？

❹ 油價跌了，要買什麼股票？

❺ 金價跌了，要買什麼股票？

❻ 鎳價跌了，要買什麼股票？

❼ 匯率貶了，要買什麼股票？

❽ 利息降了，要買什麼股票？

❾ 通膨，買什麼股票？

❿ 春天到前，買什麼股票？

⓫ 夏天到前，買什麼股票？

⓬ 秋天到前，買什麼股票？

⓭ 農曆 7/15 前，買什麼股票？

⓮ 冬天到前，買什麼股票？

⓯ 景氣不好，買什麼股票？

⓰ 油價漲了，買什麼股票？

⓱ 雙 11 光棍節前，買什麼股票？

⓲ tsmc 資本支出增加，要買什麼股票？

⓳ 黃小玉漲了，要買什麼股票？

⓴ 黃金漲了，要買什麼股票？

㉑ 紙漿漲了，買什麼股票？

㉒ 宅經濟，買什麼股票？

㉓ 汽油漲了，買什麼股票？

㉔ 年假、節慶，買什麼股票？

㉕ 通縮，買什麼股票？

㉖ 水荒，買什麼股票？

㉗ 流感快來了，買什麼股票？

Assignment 35：

❶「漲時重勢，跌時重質」何意？

❷「養、套、殺」何意？

❸「穩、準、狠」何意？

Assignment 36：

如何放空？

Assignment 37：

如何停利、停損？

Assignment 38：

如何買股才能獲利？

Assignment 39：

何謂「利多不漲」和「利空不跌」？如何判讀大盤和個股走勢？

Assignment 40：

❶ 股市的「擦鞋童理論」是何意？

❷「急漲賣出」何意？

❸「緩漲買進」何意？

❹「急跌買進」何意？

❺「緩跌賣出」何意？

❻「高檔盤久必跌」何意？

❼「低檔盤久必漲」何意？

Assignment 41：

❶「在股市中不要預設立場」何意？

❷「在股市中不要單戀一枝花」何意？

❸ 會買股票的是徒弟，會賣股票的是師父，會放空的是師公，何意？

❹「空頭不退，漲勢不止」何意？

❺ 融資退場，指數或股價止跌，何意？

❻ 高檔（股價或指數）爆融資，股價必拉回，何意？

❼ 股價（或指數）拉回，若價穩（指數穩）量增，底部確認，可以進場回補做多，何意？

❽ 股價（或指數）拉回，價穩（指數穩）量縮，股價（或指數）止跌，何意？

❾ 股價（或指數）在高檔價增（指數漲）量縮，股價（或指數）易拉回，可以逐步出場，何意？

❿ 股價（或指數）在高檔價增（指數漲）量平，持股觀望，何意？

⓫ 股價（或指數）在高檔價平量縮，持股可出脫，何意？

⓬ 股價（或指數）在高檔價跌（指數跌）量縮，可加碼放空，何意？

⓭ 股價（或指數）在拉回時價減量平，觀望之，何意？

⓮ 股價（或指數）在拉回後股價跌幅收斂，但量微幅增加，可酌量增加持股，何意？

⓯ 股價（或指數）在低檔價增（指數漲）量增，可以加碼做多，何意？

Assignment 42：
❶ 多頭市場漲時，看支撐不看壓力，何意？
❷ 空頭市場跌時，看壓力不看支撐，何意？
❸ 股價在下跌過程中，價跌量增，股價還有低點，指數亦同，何意？
❹ 量大非頭（上漲），何意？
❺ 量大也非底（下跌），何意？
❻ 量縮可能是底（下跌），何意？
❼ 量縮也可能是頭（上漲），何意？

Assignment 43：
❶ Bull Market 停利重於停損，何意？
❷ Bear Market 停損重於停利，何意？
❸ 股價（或指數）會在關前震盪（突破），關後拉回（測試），何意？
❹ 小量是低價，大量是高價，何意？
❺ 買股票往人少地方去，何意？
❻ 要懂得「危機入市」，何意？
❼ Buffett 說：別人在貪婪時你要恐懼，別人在恐懼時你要貪婪，何意？
❽ 在股市中要懂得逆向思考，順勢操作，何意？

Assignment 44：

在技術分析中，何謂「三線合一（匯集）」或「多線合一（匯集）」操作（在多空狀態下）？

Assignment 45：

❶ 何謂「存股」？有哪些條件可以配合？

❷ 投資操作常會遇到什麼問題？如何解決？

❸ 股票若被套牢，將如何處理？

Assignment 46：

❶ 如何從「題材面」中選股以增加獲利？

❷ 如何從「基本面」中選股以增加獲利？

❸ 如何從「籌碼面」中選股以增加獲利？

❹ 如何從「技術面」中選股以增加獲利？

❺ 進一步延伸，在股市中如何從「題材面」、「基本面」、「籌碼面」和「技術面」去思考選股和獲利？

Assignment 47：

❶ 有錢人之會有錢一定有方法，請問有錢人養錢的好習慣是什麼？

❷ 一般人如何養成存錢的好習慣？讓自己能早日擁有和有錢人一樣的財富自由度？

Assignment 48：

何謂「整合淨值投資法」？如何操作？

Assignment 49：

何時是賣股好時機？

Assignment 50：

如何買進反彈和跌深股？

Assignment 51：

❶ 看盤重點是什麼？有方法嗎？

❷ 如何從 Trend line 中去判斷「多、空」？

❸ 股價拉回要買什麼股票？

Assignment 52：

❶ 如何瞭解外資的操作，避免被套牢？

❷ 人生為何要做「投資理財規劃」？

❸ 什麼樣的人適合在股市中生存？

❹ 如何成為一個快樂的投資理財人？

❺ 30 歲以前可以賺大錢嗎？有方法嗎？

❻ 如何做一位成功的股市投資人？

❼ 如何成為投資贏家？

Assignment 53：

❶ 常用到的股市「多空判斷」方法有哪些？

❷ 何謂 VIX？如何運用？

❸ 總市值／GDP 是誰提出？如何運用？

❹ 景氣判斷分數如何運用在股市中？如何判圖？

❺ 如何從 KD 圖中，判斷股市的多空？

Assignment 54：

❶ P 和 ROE 的關係為何？

❷ P 和 ROE、P/B、P/E、營收、獲利有何關係？如何解讀？

Assignment 55：

❶ 在投資分析中，學術派的研究方法有哪些？

❷ 在投資分析中，市場派的研究方法有哪些？

Assignment 56：

❶ 若股票因不停損被套牢時，如何讓自己的損失變小？

❷ 如何在操作 200 週 MAL 和 120 月 MAL 獲利？

Assignment 57：

❶ 支撐和阻力在股市中有何作用？

❷ 如何研判股價或指數的支撐和阻力？

❸ 有哪些技術分析可以被用來研判支撐和阻力？

❹ 有哪些技術分析可以用來研判買、賣和放空點？

Assignment 58：

如何瞭解自營商的買賣操作方法？你若瞭解，你如何打敗他們？

Assignment 59：

❶「扣抵」是什麼？如何從扣抵的觀念中去獲利？

❷ 如何從除權除息中去賺錢？

❸ GDP 是什麼？包含什麼項目？和股市有何關聯？

Assignment 60：

❶ 何謂「資金配置」？在投資市場或股市中資金如何配置？

❷ 何謂「大戶」？大戶如何操作股票？

Assignment 61：

何謂「控股公司」？有哪些控股公司？功能為何？

Assignment 62：

❶ 股價 K 線、26 週 MAL，和指標 RSI、KD 如何合併運用？

❷ 如何由週線的雙底中找尋潛力股？

Assignment 63：

❶ 生技概念股包含哪些領域？如何看待生技概念股？

❷ 雲端概念股有哪些？如何看待？

❸ Big Data 股有哪些？如何看待？

❹ 4G LTE 股有哪些？如何看待？

❺ 遠端照顧和醫療有哪些？如何看待？

❻ 第三方支付有哪些股？如何看待？

❼ NFC 有哪些股？如何看待？

❽ 無線充電概念股有哪些？如何看待？

❾ 大陸二胎化概念股有哪些？如何看待？

❿ 自動化和機器人概念股有哪些？如何看待？

⓫ Tesla 概念股有哪些？如何看待？

⓬ ADAS 概念股有哪些？如何看待？

⓭ TPMS 概念股有哪些？如何看待？

⓮ 中國汽車零組件廠有哪些？如何看待？

⓯ 車用電子概念股有哪些？如何看待？

⓰ AM 概念股有哪些？如何看待？

⓱ 機車領組件概念股有哪些？如何看待？

Assignment 64：

美國重量級企業對應的臺灣相關公司有哪些？

❶ 半導體

❷ 電動車

❸ 手機

❹ 運動

❺ 塑化

Assignment 65：

❶ 個股或指數拉回有什麼徵兆？

❷ 如何由 K 線研判股價或指數是高檔或創新高？

❸ 如何研判股價或指數是在高檔強勢整理？

❹ 為何不要經常選擇盤底的股票？

Assignment 66：

❶ 如何研判 5 日、20 日均量和股價或指數間之關係？

❷ 如何研判 6 日 RSI、9 日 KD 和股價或指數間之關係？

❸ 如何由時間長短及成交量研判頭肩底是否成立？

❹ 如何由時間長短及成交量研判頭肩頂是否成立？

❺ 如何探討股價或指數橫盤時和 K 線之關係？

❻ 如何從指標 RSI 和 KD 位置研判與股價或指數是否產生背離？

Assignment 67：

❶ 為何要多注意多條日、週、月 MAL 線在高、低檔合一或匯集的股票或指數？

❷ 如何由 26 週 MAL 線的走勢研判股價或指數的買賣點？

❸ 如何從 5 日與 20 日均量去研判股價的買賣點？

❹ 如何由 20 日均量來研判股價或指數的走勢？

❺ 如何由 20 日 MAL 線研判股價或指數的走勢？

❻ 如何由 65 日 MAL 線研判股價或指數的走勢

Assignment 68：

❶ 如何由週指標 KD 研判股價或指數的走勢？

❷ 如何從 RSI 和 KD 的下跌趨勢線尋找可以買進的股票？

❸ 如何由月 MAL 線來研判股市步入空頭走勢？

Assignment 69：

❶ 如何由頭肩頂或雙頭去研判股價拉回整理後形成空頭
陷阱的股票？

❷ 如何研判 RSI、KD 與股價或指數的關係？

❸ 如何研判 RSI、KD 與股價或指數之背離和強弱勢？

Assignment 70：

❶ 如何研判股價或指數拉回整理時，可進場的條件？

❷ 股價或指數在盤整時，選股的條件是什麼？

❸ 股價或指數在短線打底時，選股之條件是什麼？

❹ 中長線操作時，選股之條件是什麼？

❺ 股價在上漲中，選股之條件？

❻ 股價或指數探底之條件？

Assignment 71：

❶ 如何由 KD 來研判背離和進出時機？

❷ 如何由 KD 之強弱勢來研判個股介入的時機？

❸ 在股價拉回買進後的賣出時機？

❹ 如何研判 KD 在 20 以下買股的時機？

❺ 如何由 20 日 MAL、RSI、KD 和股價的關係來探討介
入之時機？

❻ 如何運用 20 日 MAL 探討持股賣出的時機？

❼ 如何運用 KD 與股價之關係探討介入的時機？

❽ 如何由 MAL、KD、RSI、成交量之關係來研判股價
之走勢？

⑨ 如何由 RSI、KD、MAL 的位置來研判股價之強弱勢？

⑩ 如何由 RSI 和 KD 研判個股介入之時機？

⑪ 如何由成交量和 RSI、KD 來研判個股介入的時機？

Assignment 72：

❶ 如何由 K 線來研判股價的高低點？

❷ 股價拉回整理時，可以介入的條件？

❸ 如何由 6 日 RSI 和 9 日 KD 之位置研判股價之走勢和進出時機？

❹ 如何由 6 週和 26 週均量之變化來研判股價之走勢？

❺ 如何進一步由 KD、RSI、20 日 MAL、K 線和成交量來研判股價之走勢？

❻ 如何探討 RSI 與 KD 在 50 附近與股價走勢的關係？

❼ 如何由股價與 KD、RSI 的下跌趨勢線來追蹤股價的走勢？

❽ 如何由 RSI 和 KD 的位置，介入股價拉回已深的個股？

Assignment 73：

❶ 如何由股價與指標在高檔產生背離來研判持股的方式？

❷ 如何由指標與股價的背離來探討其對股價走勢之影響？

❸ 如何由 MAL 的走勢來研判個股進出的時機？

❹ 如何探討指標和股價產生背離後，持股的處理方式？

❺ 如何由 RSI、KD 在不同位置時，個股的介入時機？

6 如何由個股波段走勢的高低位置所出現的 K 線來研判
股價是頭部、中繼或底部？

7 如何由 RSI、KD 所畫出的下跌趨勢線來追蹤股價的
走勢？

Assignment 74：

1 若支撐或阻力是由下列因素所形成的：
請問重複出現的價格如何形成支撐和阻力？

2 同於 **1** 之問題：
請問成交量大或密集的區域如何形成支撐和阻力？

3 同於 **1** 之問題：
請問短期或中長期價格之反轉點如何形成支撐和阻
力？

4 同於 **1** 之問題：
請問 K 線型態中，各種圖形的頸線如何形成支撐和阻
力？

5 同於 **1** 之問題：
請問由移動平均線的位置如何形成支撐和阻力？

6 同於 **1** 之問題：
請問由黃金分割率如何建立支撐和阻力？

7 同於 **1** 之問題：
如何由整數關卡如何建立支撐和阻力？

8 支撐和阻力的強弱勢受哪些因素影響？

Assignment 75：

❶ 如何以技術分析來探討：在什麼時機下買進股票？

❷ 如何以技術分析來探討：在什麼時機下賣出股票？

❸ 如何以技術分析來探討：在什麼時機下放空股票？

❹ 若已學會了買、賣和放空，還賺不了錢是什麼原因？

Assignment 76：

❶ 生活概念股有哪些？如何看待？

❷ IOT 股有哪些？如何看待？

❸ AI 股有哪些？如何看待？

❹ 數位影音股有哪些？如何看待？

❺ 文化創業股有哪些？如何看待？

❻ 扣件 (Fastner) 有哪些股？如何看待？

❼ PA 有哪些股？如何看待？

❽ 生技中的新藥股股有哪些？如何看待？

❾ 生技中的學名藥股有哪些？如何看待？

❿ 生技股中的原料藥股有哪些？如何看待？

⓫ 生技股中的保健食品股有哪些？如何看待？

⓬ 生技股中的醫療美容股有哪些？如何看待？

⓭ 生技股中的醫療器材股有哪些？如何看待？

⓮ 生技股中的製藥檢驗設備股有哪些？如何看待？

⓯ 生技股中的醫療防疫股有哪些？如何看待？

⓰ 生技股中的疫苗股有哪些？如何看待？

⓱ 生技股中的植物護劑股有哪些？如何看待？

⓲ 生技股中的醫療通路股有哪些？如何看待？

Assignment 77：

❶ 臺灣「穿戴式」設備廠商有哪些？如何看待？

❷ 與美國景氣復甦有關的臺灣房屋修繕廠商有哪些？如何看待？

❸ 國際上有哪些重要的紡織和運動鞋廠商？

❹ 臺灣有哪些廠商是這些重要的國際大廠的供應鏈廠商？

❺ 航太概念股有哪些？如何看待？

❻ 臺灣電子四大慘業是哪些？如何看待？

❼ 臺灣電子商務 (e-commerce) 族群有哪些公司？分別以：（1）平臺類、（2）物流類、（3）金流類來探討？

❽ 臺灣有哪些蘋果的相關概念股？如何看待？

❾ 環保概念股有哪些？如何看待？

Assignment 78：

❶ 在股市中如何打敗自營商？

❷ IC 設計股有哪些？如何看待？

❸ 線上教育股有哪些？如何看待？

❹ Apple 機殼股有哪些？如何看待？

❺ Apple 概念股的軟板股有哪些？如何看待？

❻ 臺股所指的「股王、股后」是指什麼股票？你的看法呢？

❼ 光通訊股有哪些？如何看待？

❽ 網路平臺股有哪些？如何看待？

❾ 暑假概念股有哪些？如何看待？

⑩ 資安股有哪些？如何看待？

⑪ 中國插旗成功股有哪些？如何看待？

⑫ Apple Wallet 相關股有哪些？如何看待？

⑬ MCU 股有哪些？如何看待？

⑭ 節能股有哪些？如何看待？

⑮ 工業電腦股有哪些？如何看待？

Assignment 79：

❶ 如何做一個開心快樂的投資理財者？你的看法呢？

❷ 如何成為一個投資贏家？你的看法呢？

❸ 如何布局股票成為股市贏家？你的看法呢？

❹ 如何做一個成功的股市投資者？你的看法呢？

Assignment 80：

自營商有哪些操盤手法？如何研判自營商的操作方法，讓自己站在贏的位置上？

Assignment 81：

❶ 投資大師「Buffett」講過哪些投資名言？你的看法呢？

❷ 投資大師「川銀藏」講過哪些名言？你的看法呢？

❸ 投資臺股有哪三不政策？為什麼？

Assignment 82：

❶ 多頭市場是緩漲急跌，為什麼？

❷ 空頭市場是緩跌急漲，為什麼？

Assignment 83：

❶ 你一生中最想做的事情是什麼？可以舉 10 件事嗎？

❷ 成大交管博士賣煎餃，叫煎餃博士；政大也有雞排博士，你的看法呢？

❸ 女人一定要有錢，為什麼？

Assignment 84：

❶ 你快樂嗎？你的財富自由度是多少？幾歲要完成這個使命？

❷ 你喜歡錢、愛錢嗎？怎麼讓自己有錢而且過得開心快樂？

❸ 有名言「心有多大，目標就有多大」，請問你的看法？和你的大目標是什麼？

❹ 在你的一生中，你如何累積財富？有好方法嗎？

Assignment 85：

❶ 你如何賺到人生的第一桶金？何時賺到？這一桶金是多少？

❷ 請問男生：你要賺多少（月計），才讓老婆做全職婦女？

請問女生：妳要妳的老公賺多少？妳才願意做全職家庭主婦？

Assignment 86：

❶ 鈔票，確實能買到幸福嗎？你的看法呢？

❷ 10 萬賺 30 萬、100 萬賺 300 萬、1,000 萬賺 3,000 萬、
1 億賺 3 億，都是賺 3 倍，有什麼不同？

❸ 你覺得 10 萬賺 30 萬容易，還是 100 萬賺 300 萬容易，
還是 1,000 萬賺 3,000 萬容易，還是 1 億賺 3 億容易？
你的看法呢？

❹ 你如果有一筆 100 萬的錢，你會做什麼事？ 1,000 萬
呢？ 1 億呢？

❺ 你如何在你未來的一生中提高生活品質？讓自己樂
活、悠活過一生？

Assignment 87：

你懂得「機會成本」嗎？你如何讓你手中的 1 元變大？

Assignment 88：

❶ 在股市中贏家的條件是什麼？

❷ 在投資時，常會遇到什麼問題？

Assignment 89：

❶ 雲端和其應用有哪些概念股？如何看待？

❷ 藍寶石概念股有哪些？如何看待？

❸ 智能電網有哪些概念股？如何看待？

❹ 無人機有哪些概念股？如何看待？

❺ 長照和醫療照顧有哪些概念股？如何看待？

❻ 農糧概念股有哪些？如何看待？

❼ 能源概念股有哪些？如何看待？

❽ 水資源概念股有哪些？如何看待？

❾ 3D 列印概念股有哪些？如何看待？

❿ 遊戲股或手機遊戲概念股有哪些？如何看待？

⓫ 智慧城市概念股有哪些？如何看待？

⓬ 大數據概念股有哪些？如何看待？

⓭ VR 概念股有哪些？如何看待？

Assignment 90：

❶ 看盤有哪些重點和方法？請舉例。

❷ 在股市中，個人贏的策略還有哪些？

Assignment 91：

如何操作停利？方法是什麼？

Assignment 92：

如何操作停損？方法是什麼？

Assignment 93：

如何操作放空？方法是什麼？

Assignment 94：

❶ 如何從財務比率建立股價公式？如何說明？

❷ 如何從 MAL 研判多空？你的看法呢？

❸ 上市櫃的控股方法有哪些？如何看待？

Assignment 95：

❶ Buffett 有三大名言：持股集中、有價值的股票、長期持有股票，你的看法呢？

❷ 股票拉回要介入，要買什麼樣的股票？

❸ 何謂通貨膨脹？停滯性通貨膨脹？通貨緊縮？如何看待？在股市中如何生存？

❹ 在股市要成為贏家，要懂得三選策略？請問是哪三選策略？

❺ 何謂做好資金控管，撿便宜貨？

❻ 股市行情總在最悲觀時誕生，在半信半疑中成長，在最樂觀中毀滅，何意？你的看法呢？

Assignment 96：

❶ 在利空中逢低買進，通常是贏家，你認為呢？是否合乎危機入市？Buffett 所說的你懂我撿，你撿我懂的觀念嗎？

❷ 在利空中撿便宜貨的前提是做好資金控管？你的看法呢？

❸ 在資金控管下，買股票是否就是少用融資，在操作期貨和選擇權時不要將部位做滿，設好停損點，當利空出現時，才有能力加碼股票成為贏家，你的看法呢？

❹ 融資、融券對股市或股價的漲跌有何影響？你的看法是什麼？

Assignment 97：

❶ 你買了 A 股之後，A 股不漲在盤整，但是其他股票在
漲，此時你該如何操作？

❷ 你想買某支股，但開盤後該股已經漲停，你該怎麼
辦？

❸ 你買了某支股，該股卻不漲反跌，但其他股在漲，你
怎麼辦？

❹ 你買了某支股，該股票卻下跌，忍痛賣掉後，該股票
卻上漲，你怎麼辦？

❺ 你賣掉手中沒漲的股票後，該股票卻上漲，你再追價
買回該股票，該股票又下跌，你怎麼辦？

❻ 你買了某支股票，該股票卻漲得溫吞，你認為是否該
換股？

❼ 股價漲到停利點，你會停利嗎？停利後，該股票又再
漲，你的心中有何想法？

❽ 股價到了停損點，你會停損嗎？停損後，該股票又上
漲，你怎麼辦？

❾ 新手首進股市，看到有漲有跌的股票，你如何下你的
第一張買單？

Assignment 98：

❶ 有融資券的單沖，和現股當沖有何不同？

❷ 如何由期指的價差研判對股市的影響？

❸ MSCI 是什麼？它是如何組成？做什麼用？

❹ MSCI 一年有幾次權重季度調整？哪二次調整影響力
較大？

❺ MSCI 季度權重調整時，何時買股票比較容易獲利？

Assignment 99：

❶ 股市中有很多利多和利空消息，你如何分辨？

❷ 你如何做投資組合？是降低風險？還是強調利潤報
酬？

Assignment 100：

❶ Q1、Q2、Q3 和 Q4 可以投資哪些旺季股票？

❷ 股市不怕漲、不怕跌，最怕什麼？你如何處理？

❸ 股市行情不佳，多空難做怎麼辦？

Assignment 101：

❶ 在股市如何增加自己的選股能力，有哪些要件？

❷ 何謂「二度蜜月股」？

❸ 在股市中如何找到讓你賺錢的股票？

❹ 在股市投資會遇到哪些難題？

❺ 在股市中散戶常有「訊息不對稱」的問題，你若想成
為贏家該怎麼辦？

❻ 股價在高檔爆出巨量要如何？在低檔爆出巨量又要如
何？

Assignment 102：

❶ 影響股價的因素有哪些？你的看法呢？

❷ 何謂「效率市場」？有哪些？其相互關係如何？臺灣
屬於哪種？用什麼方法來分析股市？

Assignment 103：

❶ 何謂投資觀念？投資心法？如何與投資理論、投資實
務、投資經驗搭配在股市中進行投資？

❷ 在投資市場中，為何投資心理和執行力很重要，以至
於它們會左右你的輸贏？

❸ 人生第一桶金重要嗎？需要多少你才覺得夠用？你何
時該存有第一桶金？若有，你想投資什麼？

❹ 你覺得散戶適合操作下列商品嗎？

　(1) 債券

　(2) 黃金

　(3) 期貨

　(4) 選擇權

❺ 投資要做得好，要成為贏家，應該注意什麼？

Assignment 104：

❶ 各地動盪不安，治安敗壞，你要買股票，會注意哪種
類型的股票？有哪些股？

❷ 在短線操作中，「買黑賣紅」是何意？

❸ 「食」往人多的地方走，「投資」往人少的地方走，
何意？

Assignment 105：

❶ 在股市中，多頭勢強時該如何操作？空頭勢強時該如何操作？多空交戰時又該如何操作？

❷ 試探討由空轉多到由多轉空，再由空轉多的 K 線和 MTL(Major trend line) 及 MAL 中的 Granville 和型態學合併時的買、賣（停利）和放空時機。

Assignment 106：

❶ Buffett 說：要懂得「危機入市」，為何？要買什麼股票？

❷ 一家公司最基本要做到什麼境界才對得起股東？

Assignment 107：

❶ 什麼是好公司，好公司的定義是什麼？對你選股有何影響？如何選股？

❷ 在投資市場中是「學院派」賺錢，還是「市場派」賺錢？

❸ 在投資市場中是「基本面」重要，還是「技術面」重要？

❹ Buffett 和墨比爾斯都說過：不懂、難的投資標的都不要介入？為什麼？

Assignment 108：

❶ 安控股的旺季是哪一季？為什麼？有哪些股票可注意？

❷ 等季節性股票提前拉回整理時布局等著被抬轎，你的看法呢？請問 Q1~Q4 有哪些重要的季節性股票？

❸ 買股時「題材」很重要，請問題材分為哪些？請舉例。

❹ 未來消費型態改變，請問改變了什麼？該投資什麼樣的股票能讓你的獲利增加？

❺ 機器人大軍會改變生活型態，讓藍白領階層失業，請問是改變了什麼生活型態？若你是投資者，你會買什麼股票而讓你的獲利增加？

Assignment 109：

❶ 臺灣人口老化，少子、多老、又窮，你的看法呢？如果你想在股市中獲利，你怎麼操作？

❷ 一家公司的轉投資公司經營不善要退場，請問要如何退場？

❸ 「自殺」，很聳動的字眼，讓人看了很難過，什麼情況下讓你不會想到「自殺」這個字眼，而開心快樂的過日子？如何做到？你的看法呢？

❹ Big Data 的時代來臨，很多企業界使用者眾，運用 BD 有什麼好處？可否舉實際例子說明，在股市中有何投資的對象？

Assignment 110：

❶ 油價走空對臺股有何影響？如何操作才會是贏家？

❷ 美元強勢對臺股有何影響？如何操作才會是贏家？

❸ 如何研判「景氣燈號」？如何從判斷分數中買賣股票？

❹ GDP 是什麼？其中影響最大的因素是什麼？和股市有何關聯？你的看法呢？如何操作？

❺ 「貨幣供給額」是什麼？和股市有何關聯？如何研判？如何操作？

Assignment 111：

DMI 是什麼？它的構成是什麼？如何運用它來買賣股票？

Assignment 112：

❶ 日幣貶值，哪些臺股受惠？日幣升值呢？你的看法如何？

❷ 如何「減碳」？有哪些減碳受惠股可以投資？

❸ 中國大陸撒錢大力推廣工業電腦，請問臺股的工業電腦股有哪些？如何投資？

❹ 中國大陸大力推廣電動車儲能設備，臺股有哪些儲能設備股？

❺ 臺股有哪些股票是 Tesla 的供應鏈？你如何投資？

Assignment 113：

❶ 弱式效率市場的分析慣例會被打破嗎？你的看法呢？

❷ 一個利多久了就不是利多，一個利空久了就不是利空，如何解讀？

❸ 在股市中要成為贏家，資金配置很重要，什麼是資金配置？如何操作？

❹ IOT 是什麼？它的流程是什麼？運用在什麼領域？有哪些股票可買可賺？

❺ PM、霧霾、空氣汙染，大家都害怕，請問可買什麼股票？

Assignment 114：

❶ 想創業嗎？自己當老闆嗎？臺灣是亞洲最愛創業的國家，但失敗率很高，女性 10 人，1 人成功，男性 10 人，2 人成功，所得愈低愈想創業；反之愈不想創業，你的想法呢？

❷ ETF 是什麼？有哪些分類？和股票有何不同？如何操作？

❸ Buffett 提出的「能力邊界」是致富的關鍵，何謂能力邊界？

❹ 存股雖然很好，但什麼條件下不要存股？

❺ 指數和股價要上漲，除了題材面、產業面、基本面和成交量外，還要靠什麼？

❻ 一支股票的走勢通常有幾種？如何解析？如何操作？

Assignment 115：

❶ 在股市中，若同時能使用融資和現股時，要如何配置才能將風險降低報酬率提升？

❷ 如何善用股價或指數波浪的走勢，進行買、賣和放空

的操作以達到贏的目的？

❸股價或指數的盤整有哪些？如何操作才能成為贏家？

Assignment 116：

❶一個企業要管理好公司，就應該管理好它的未來，要管理好它的未來，就要管理好它的資訊，如此才能：

(1) 瞭解消費者

(2) 掌握市場脈動

(3) 抓住決策

(4) 贏在未來

你的看法呢？若是如此，你應該更重視什麼趨勢？這個趨勢涵蓋了什麼產業，什麼公司？

❷Buffett 買股票時，最在意這家公司的二個數字，請問是哪二個數字？

❸臺灣有很多企業，它們的獲利能力不差，甚至可以說很好，EPS 也高， P/E 卻低到不行，但股價都沒有反應獲利，你如何解讀？有何救助辦法？

❹企業是「紅海」好？還是「藍海」好？你的看法呢？請舉例說明。紅海和藍海有哪些股票可買？而且值得買？

Assignment 117：

❶軟體是未來的明星科技，將被廣泛運用在 AI、BD、VR、IOT、Robot 等領域，臺股有哪些公司具備這些軟體的能力？值得你去投資？

❷ 臺灣高科技的紡織品和運動用品是哪些國際大廠的供
　應鏈？而臺灣這些廠商有哪些？其中又有哪些廠商
　（股票）值得你投資？

Assignment 118：

❶ 如何從日線的股價 P、5 日均量和 20 日均量研判買賣
　時機？

❷ 如何從週線的股價 P、6 週均量和 13 週均量研判買賣
　時機？

❸ 如何從月線的股價 P、6 月均量和 12 月均量研判買賣
　時機？

❹ 如何從各種型態學中的頸線來操作股價的多空或買賣
　時機？

❺ 如何將趨勢線搭配 MAL，來操作股價的多空或買賣
　時機？

❻ 如何將趨勢線搭配 K 線，來操作股價的多空或買賣時
　機？

❼ 如何將趨勢線搭配型態學，來操作股價的多空或買賣
　時機？

❽ 如何將不同的趨勢線相互搭配，來操作股價的多空或
　買賣的時機？

❾ 如何將 K 線搭配趨勢線，來操作股價的多空或買賣時
　機？

❿ 如何將 K 線搭配 MAL，來操作股價的多空或買賣時
　機？

⑪ 如何將 K 線搭配各種型態，來操作股價的多空和買賣時機？

⑫ 如何將不同的 MAL 相互搭配，來操作股價的多空和買賣時機？

⑬ 如何將不同的型態相互搭配，來操作股價的多空和買賣時機？

⑭ 如何將 MAL 和趨勢線搭配，來操作股價的多空和買賣時機？

⑮ 如何將不同的 K 線相互搭配，來操作股價的多空和買賣時機？

⑯ 如何將 K 線、趨勢線和 MAL 相互搭配，來操作股價的多空和買賣時機？

⑰ 如何將 K 線、趨勢線和各種型態相互搭配，來操作股價的多空和買賣？

⑱ 如何將 K 線、MAL 和各種型態相互搭配，來操作股價的多空和買賣時機？

⑲ 如何將趨勢線、MAL 和各種型態相互搭配，來操作股價的多空和買賣時機？

⑳ 如何將 K 線、趨勢線、MAL 和各種型態相互搭配，來操作股價的多空和買賣時機？

Assignment 119：

❶ 如何將 K 線、趨勢線、MAL、各種型態和指標 RSI 搭配，來操作股價的多空和買賣時機？

❷ 如何將 K 線、趨勢線、MAL、各種型態和指標 KD 搭
配，來操作股價的多空和買賣時機？

❸ 如何將 K 線、趨勢線、MAL、各種型態和 MACD 搭
配，來操作股價的多空和買賣時機？

Assignment 120：

箱型 (BOX) 操作，不論日、週、月線都一樣，只是月線
跌幅大，週線次之，日線再次之。箱形若在高檔形成後，若
有突破再拉回箱型上緣內是放空時機，但要設 6~8% 的停損，
若反彈無法突破壓力線可再放空，若再跌破箱型下緣支撐線，
這時要加碼放空，仍設 6~8% 停損，若無法站回箱型內，股
價會繼續下跌，直到完成跌幅再回補做多。若箱型出現在低
檔，且在形成過程中有跌破下緣又回到箱型內則買進，若再
跌破箱型下緣支撐就賣出，若股價再突破箱型上緣壓力線則
加碼買進，若又跌回箱型內就賣出，若已正式突破上緣壓力
線，就等漲幅完成再賣出，再等空點放空，請依上述說明繪
圖講解如何操作。

Assignment 121：

Gap 到底要如操作才能得心應手，讓自己在股市中能成
為這部分的贏家？

參考文獻：

❶ 吳宗正 / 投資技術分析 / 華泰文化圖書公司

❷ 吳宗正 / 股市投資贏的策略（講義）/ 自行出版

❸ 今周刊 / 財訊文化公司

❹ 財訊雙週刊 / 財訊文化公司

❺ 網路財經網站

職場專門店

五南文化事業機構
WU-NAN CULTURE ENTERPRISE

書泉出版社
SHU-CHUAN PUBLISHING HOUSE

圖書館出版品預行編目資料

明選股即刻上手：創造1,700萬退休金不是

吳宗正著.

初版. -- 臺北市：書泉, 2017.07

面；　公分

N 978-986-451-092-4(平裝)

股票投資 2.投資技術 3.投資分析

.53　　　　　　　　　　106004899

3GA6

聰明選股即刻上手：
創造1,700萬退休金不是夢

作　　　者	─ 吳宗正
發 行 人	─ 楊榮川
總 經 理	─ 楊士清
主　　編	─ 侯家嵐
責任編輯	─ 劉祐融
文字編輯	─ 12舟、許宸瑞
封面設計	─ 鄭依依
內文排版	─ theBAND・變設計
出 版 者	─ 書泉出版社

地　　　址：106台北市大安區和平東路二段339號4樓
電　　　話：（02）2705-5066
傳　　　真：（02）2706-6100
網　　　址：http://www.wunan.com.tw
電子郵件：shuchuan@shuchuan.com.tw
劃撥帳號：01303853
戶　　　名：書泉出版社

總 經 銷：貿騰發賣股份有限公司
地　　　址：23586新北市中和區中正路880號14樓
電　　　話：886-2-82275988
傳　　　真：886-2-82275989
網　　　址：www.namode.com

法律顧問　林勝安律師事務所　林勝安律師

出版日期　2017年7月初版一刷
　　　　　2018年1月初版二刷

定　　　價　新臺幣380元